图说名人

《图说名人》编委会 编著

华盛顿

美国之父

Huashengdun
Meiguo Zhifu

南海出版公司

图书在版编目（CIP）数据

美国之父——华盛顿 /《图说名人》编委会编著.
-- 海口：南海出版公司，2015.9（2024.8重印）
 ISBN 978-7-5442-7950-5

Ⅰ．①美… Ⅱ．①图… Ⅲ．①华盛顿，G.（1732~1799）－传记 Ⅳ．①K837.127=41

中国版本图书馆CIP数据核字（2015）第204894号

MEIGUO ZHIFU——HUASHENGDUN
美国之父——华盛顿

编　　著	《图说名人》编委会
责任编辑	张蕾
出版发行	南海出版公司　电话：（0898）66568511（出版）
	（0898）65350227（发行）
社　　址	海南省海口市海秀中路51号星华大厦五楼　邮编：570206
电子信箱	nhpublishing@163.com
经　　销	新华书店
印　　刷	天津旭丰源印刷有限公司
开　　本	787毫米×1092毫米　1/16
印　　张	7
字　　数	80千
版　　次	2015年12月第1版　2024年8月第3次印刷
书　　号	ISBN 978-7-5442-7950-5
定　　价	36.00元

南海版图书　版权所有　盗版必究

前言 TUSHUOMINGREN

乔治·华盛顿1732年出生于美国弗吉尼亚的威克弗尔德庄园。他的父亲是一个富有的农场种植园主。在他的成长道路上，父亲给予了他莫大的帮助和影响。1752年，华盛顿继承了很大一笔遗产，成为一名农场主，积累了许多经营管理方面的经验。1753年，华盛顿在部队服役，参加了法国和印第安人之间的战役，表现出众，这为他积累了丰富的作战经验，也使他在军队当中具有了一定的威望。1756年，华盛顿参加英法七年战争，为和法国争夺俄亥俄州付出了艰苦的努力。1758年，华盛顿与一位带有两个孩子的富孀——玛莎·丹德利居·卡斯蒂斯结了婚。1763年，英法七年战争以英军胜利告终，华盛顿带着荣耀解甲返乡。

1789年，华盛顿当选为美国第一任总统。他组织起机构精干的联邦政府，颁布司法条例，成立联邦最高法院。他在许多问题上倾向于联邦党人的主张，但力求在联邦党和民主共和党之间保持平衡。他支持汉密尔顿关于成立国家银行的计划，确立国家信用。他批准杰斐逊所支持的公共土地法案，奠定了西部自由土地制度的基础。

1793年，华盛顿再度当选美国总统。1794年11月4日，为了缓和同英国的矛盾，华盛顿派出首席法官杰伊与英国谈判，签订《杰伊条约》，因有损美国利益，遭到反对。

1796年9月17日，他发表告别辞，表示不再出任总统，开创了美国历史上取消总统终身制、和平转移权力的范例。

1799年12月14日，华盛顿在弗吉尼亚州的巴隆山庄的家中病逝。享年六十七岁。

目录

CONTENTS

英勇诚实的少年

一代伟人的诞生 / 1
父亲去世的重创 / 2
三年测量师生涯 / 5

参加英法七年战争

继承大笔遗产 / 13
冒死投递劝告书 / 18
同法军的森林战斗 / 30
误签投降书 / 34
中校降为上尉 / 38
琉肯要塞争夺战 / 41
临危受命 / 47

和富孀缔结良缘 / 50
领导英军获得战争胜利 / 53

争取自由独立之战

当选议会代表 / 57
波士顿倾茶事件 / 60
第一届大陆会议召开 / 63

领导美国独立战争

独立战争的第一枪 / 67
第二届大陆会议召开 / 70
波士顿战役的胜利 / 73
《独立宣言》的发表 / 76
约克镇战役 / 79

美国第一任总统

全力推行共和制 / 83
短暂的归乡生活 / 86
制订新宪法 / 90
第一任美国总统 / 94
设立国立银行 / 98
重归庄园生活 / 101
安静地逝去 / 103

英勇诚实的少年

一代伟人的诞生

华盛顿的祖辈早先居住在英国，是一个世代效忠英王室的大地主家族。公元1647年，英王查理一世被克伦威尔赶下王位之后，华盛顿的祖父便和弟弟一起迁徙到美洲新大陆的弗吉尼亚州定居。

不久之后，他们开垦了布里济斯河注入波多马克河沿岸一带的土地，于是，华盛顿的祖父便成为这一地区的大地主。到了第二代奥古斯丁时，他们已经拥有了波多马克河至拉帕漢诺河之间两千多公顷的广阔土地。

奥古斯丁不仅是一位大地主，也是钢铁公司的大股东，同时他还经营着海运及贸易事业，因此，在当地是个德高望重的知名人士，在州议会中也相当有势力。

奥古斯丁子女众多，与前妻琼安生有4个子女。琼安死后，他和玛莉·波尔再婚，并陆续生育6个子女。

乔治·华盛顿的母亲是玛莉·波尔。华盛顿出生于1732年2月22日。在同父异母的兄弟姐妹中，华盛顿排行第五。

※ 查理一世

◇ 图 说 名 人 ◇

名人名言

在每个国家，知识都是公共幸福最可靠的基础。

不论用什么方法获得名誉，如果后面没有品格来维持，名誉终必消失。

——华盛顿

父亲去世的重创

乔治十岁那一年,长兄劳伦斯从外地归来。他们是同父异母的兄弟,年龄虽然相差十四岁之多,但兄弟俩的感情很好。

"大哥你回来啦!"

华盛顿以尊敬的目光注视着身材高大、军服笔挺、英姿焕发的劳伦斯大哥。

劳伦斯十六岁就前往英国留学,大学毕业之后随即进入陆军军官学校就读,此次因为在西印度群岛战役中屡建功绩,得以获准休假返回故里。

"华盛顿!"

劳伦斯似乎也很怀念这位年仅十岁的异母兄弟。在他的印象之中,可爱的华盛顿每次总是瞪大着他那碧蓝色的双眸,专心聆听着别人的忠言和鼓励,劳伦斯就是喜欢华盛顿这种乖巧的神情。尤其是当他描述军校生活情景以及战争状况时,华盛顿更是羡慕地凝神倾听。

在华盛顿十一岁那一年的4月初,家里派一个佣人来住宿学校告知他说:"父亲病危,请速回家!"

当华盛顿急急忙忙赶回家时,爸爸已经四肢冰冷,撒手西归了。

※华盛顿

美国之父——华盛顿

身为波多马克河畔的大地主,又经营着钢铁公司、海运及贸易等业务,在州议会中颇受重视,在弗吉尼亚州极具声望的奥古斯丁先生,竟然以四十九岁的英年早早结束了生命历程。

父亲的去世,在华盛顿幼小的心灵里蒙上了一层无法挥去的阴影。

"我也要和爸爸表现得同样杰出!"这是在他伤恸之余,暗自许下的诺言。

由于当时法律规定的不尽合理,父亲遗留下来的庞大遗产,大部分由前妻的长子劳伦斯继承,次子奥古斯丁也分得了麦斯托莫亚兰得区的肥沃土地,并且获得了在布里济斯河畔的居住权。

奥古斯丁只留给后妻拉帕漠诺河岸附近一带的田地,而且,等到华盛顿及其他五个孩子成人之后,还必须一一分割。

"孩子们,你们绝对不能以优哉的心情等着这一片微薄遗产的分割,应该凭自己的力量去开拓土地,为自己的未来铺上一条康庄大道。"母亲对于这种不合理的法律无可奈何,只好时常这样勉励自己的孩子。

天刚破晓之际,东方初升的旭日揭开了一天的序幕:新的一天,象征着新的希望。草原的另一端出现了一位身材健硕的男孩,那就是乔治·华盛顿。

自从父亲去世之后,华盛顿为了上学方便就住到维克菲鲁洛城的哥哥奥古斯丁的家里。

华盛顿有个弟弟叫佳奇。一天,他对佳奇说:"嘿!佳奇,我给你看一样东西好吗?"

说着,他便从衣袋里掏出了一本破旧的小册子。

"是诗吗?哥哥亲手抄录的诗吗?"

"不!是一些有关吃饭的礼貌以及应对长辈的态度等内容,多研究研究,对你绝对有益。"

佳奇翻开了第一页,上面写着:

在众人面前,不得与第三人讲悄悄话。

当他人站立时,不得私自坐卧。

当他人止步时,不得继续行进。

应该选择德行善良者为友,如果结交恶友,倒不如终其一生过着孤独的日子。

内容都是些处世名言。

然而,年幼的佳奇似乎对这些并没有太大的兴趣。佳奇转移话题问道:"哥哥,你是否要和劳伦斯哥哥、奥古斯丁哥哥一样，到英国去留学？"

华盛顿摇了摇头说："不！不！我的学业成绩不是很理想，又没有足够的钱。因此，我决心放弃留学计划，选择一项较有前途的事业。"

"你是否想要加入海军？"

"不！如今我已放弃了这个想法，原先的确有这样的打算。当时妈妈也颇为赞同，并且，还亲自为我打点行装。不料，在出航的前夕，她却又临时改变主意，拒绝了我的要求，打消了我的这种念头。

"因为住在伦敦的乔杰夫·布鲁舅舅前天来信说，如果参加海军，不但薪水微薄，而且还要攀爬桅杆、洗刷甲板，整天像奴隶一样地苦干，又得学习，在殖民地辛勤开垦等。如果我真的加入海军，妈妈一定会天天牵挂、寝食难安的。"

※现在的美国海军军徽

"嗯，有道理！我也认为如果哥哥不参加海军，而和我们长久住在一起该有多好啊。"

兄弟俩一番闲聊之后，不知不觉已经走到奥古斯丁哥哥家附近了。

"哥哥，咱们再不快点儿走，可就过了吃早饭的时间了！"

佳奇说着便开始小跑起来。宅院里炊烟袅袅，隔着矮墙便可清楚地看见黑人女佣正端着热腾腾的菜肴，往返于餐厅与厨房之间。

兄弟俩急急忙忙地走进餐厅准备洗手进餐，二嫂走过来对他们说："对了！华盛顿，今天劳伦斯哥哥来过。"

"哦，是吗？"

华盛顿兴奋得心跳逐渐加速，同时，也为错过了和哥哥的见面机会而感到惋惜。他对于二哥奥古斯丁的倾慕发自心底深处，对于大哥劳伦斯更是由衷地崇敬。

劳伦斯大哥目前不仅是弗吉尼亚州的名士，当选了州议会的议员，同时还担任弗吉尼亚州的司令官之职。在地方上，他已经是位赫赫有名的大人物了。

"大哥可能是在州议会开会之前，提早来到首府威廉·史帕克，或许他原本打算在此投宿一晚，明早再出发……"

美国之父——华盛顿

三年测量师生涯

"华盛顿，最近的功课如何？拉丁文是不是有些进步？"后来见到弟弟后，劳伦斯关心地问。可是，华盛顿却显出一副不屑的态度。

"大哥，我并不想效法英国绅士般地研读拉丁文，只希望做一个拥有独立人格、精神高贵的殖民地人民。"

当时，华盛顿非常沉迷于测量学，经常利用放学后其他同学全都离校回家的机会，独自一人徘徊在校区，测量校舍及建筑物的外观，并且一一描绘

华盛顿故居

※华盛顿雕塑

出透视结构图。他所完成的工作，其精准度和正确性几乎令人不敢相信这是出自十四五岁小男孩之手。

正因为如此，"少年测量家"这个雅号早已传遍了学校的每一个角落。

"大哥，请你教我更深一些的测量学好吗？我对于呆板的教科书实在毫无兴趣。"

华盛顿诚恳地请求着大哥，而劳伦斯也一本正经地倾听他的"肺腑之言"。

好不容易四个兄弟能够同时凑在一块儿，因此，今天这一顿晚餐显得格外可口。

"费尔费斯一家人近况如何？"奥古斯丁这样问着大哥。

费尔费斯是弗吉尼亚州的大地主，大哥劳伦斯就是迎娶费尔费斯公爵的女儿安为妻。目前，费尔费斯家在波多马克河畔建筑了一幢风格独特、景致宜人的别墅，并将其命名为"巴隆山庄"。

"对了！差点儿忘了告诉你们，巴隆山庄最近可真称得上热闹非凡，因为，费尔费斯的长子华盛顿·威廉本学期毕业于英国大学，暂时借住于此，由于另一幢宅邸尚未竣工，费尔费斯本人也要来小住一阵。"

"咦！费尔费斯公爵不就是英国的大政治家吗？他竟然决定定居美洲？"

"是呀！就因为他厌恶英国政界的混乱，所以，在原始森林中购买了土地，用来建造房舍，并且，他决定在死后长眠在这个没有喧嚣与纷争的新世界。"

劳伦斯又说："华盛顿，要是你也搬到巴隆山庄居住，就可以每天陪着公爵到森林里狩猎，猎狐技巧可以说是公爵最为拿手的绝招了。"

华盛顿接受了大哥的建议，兴奋不已。

"华盛顿，其实我也赞成你顺其自然的求学态度，若是矫枉过

美国之父——华盛顿

正,反而会影响你的前途发展。而费尔费斯的长子就是专攻测量学的,若是你也搬到巴隆山庄居住,不就正好可以请教他了吗?另外,为了你的将来着想,我还希望你要努力学习西洋剑术、战斗策略等,日后必能成为我的最佳助手。"

华盛顿此时的心情,仿佛征服了世界第一高峰般喜悦。

这是巴隆山庄,时间:午后3点。

山庄前的斜坡上种植着大片的芜菁。这时候,在一位黑人的帮忙下,华盛顿正在芜菁园里专心致力于测量工作。

"那不就是华盛顿吗?好像年纪还很小的样子。"

"是啊,他刚满十六岁。"

"才十六岁吗?真了不起!"

关于客厅里宾主之间的夸赞,华盛顿全然不知。测量工作做完之后,他收拾起工具,回家冲了个冷水澡,换好整洁的衣服便走进大厅来。

大厅里,费尔费斯公爵正悠闲地靠在安乐椅上。将近六十岁的老人身体依然健壮,他身材高大,灰蓝的双眸、紧缩的双唇,处处显示出他那种独特的威严。

"嘿,华盛顿,你的测量工作似乎进行得十分顺利,把测量图给我瞧瞧。"公爵对这位颇为投缘的少年说道。

华盛顿虽然只有十六岁,但长得人高马大,一副大人的模样,显得远比实际年龄成熟得多。同时,他又拥有与生俱来的率直、坦诚的性格,自幼就接受良好的家庭教育,所以,处世态度方面更是稳重得当,丝毫没有轻浮怠慢的行为。正因为如此,他始终没有被大人们以孩童的态度来对待。

"是很顺利,但尚未完成……"

华盛顿拆下制图版上的未完成作品,恭敬地呈递在费尔费斯公爵面前。

公爵一面从上衣口袋里掏出放大镜,一面连声称赞:"嗯,好,画得好!"

公爵笑得几乎合不拢嘴,同时,公爵的大儿子威廉也是赞不绝口地指着测量图说:"画得真不错!这儿是南端牧场,这儿是台地,这儿是……画得太好了,既清晰又准确。"

威廉对于自己调教出来的"学生",感到十分满意。

"其实,华盛顿的测量技术并不比他的猎狐方法逊色。"

公爵笑得眼睛眯成了一条缝。

"对呀!这一次的希兰特溪谷测量工作,华盛顿必定是一位最理想的帮手。"

听着他们的谈话，华盛顿的心跳频率又加快了许多。

好一个梦寐向往的希兰特溪谷。这座大溪谷，是当时英国国王封给费尔费斯公爵的领土，最近却有许多冒险家纷纷拥入，并趁机加以开垦。现在测量溪谷的占地面积，就是为了确认费尔费斯公爵的土地所有权。

"测量工作果真可以带我一起去吗？"华盛顿问道。

"当然可以呀，如果你没有其他私事，八天之后，咱们就动身出发。"

对于十六岁的小男孩而言，这的确是个极为难得的机会，尽管经常有人怀疑华盛顿的才能，但费尔费斯却并不在意。

于是，以年轻力壮的威廉为开路先锋，五个人骑着马组成了"希兰特溪谷测量队"，朝着夫利列力库镇出发。当时是1748年3月，一个阳光和煦、鸟语花香的季节。

对从小生长在新屯垦区的华盛顿来说，骑着马匹跋山涉水，长途颠簸，倒是轻而易举颇能适应，不过这一次的行程却还担负着重要的测量任务。他们像探险般地深入人烟稀少的世外桃源。进入希兰特大溪谷之前，必须先通过坡度缓和的峭壁峡谷，其间溪流湍急，河道弯曲，这样的景致好不迷人！所以，当地印第安土著将这山谷称为"希兰特溪谷"（意为星星姑娘）。

第一天晚上，测量队一行投宿于一位名叫海特的拓荒者家中。

由于白天辛勤的测量工作，华盛顿显得精疲力竭，到达海特家，便立即脱去外套，换上睡衣准备一觉睡到天亮。可是，外出的生活总是艰苦，没有舒适的床铺，也没有软绵绵的枕头，他们只能够在铺满稻草的房间里席地而眠，夜凉了的时候也只能再加盖一床破毛毡。

华盛顿苦笑着再穿上自己的外套，在这种艰难的日子里，也只能随遇而安，学习其他人的生活方式。

这便是他荒野生活的第一次体验，不过，华盛顿倒是很快就适应了这样的艰难岁月。为了自己将来的发展，他尽力忍受着一切外来的困境和苦痛。

测量工作进行到波多马克峡谷时，气候出现了明显的恶化。一阵阵强烈的飓风袭来，每一声怒吼都令人胆战心惊；漆黑的夜空不断出现刺眼的闪电，狭窄的山谷间，轰隆的雷声震耳欲聋，圆珠般的雨滴打得人们面颊发痛。

"救……救命……救命啊！"

美国之父——华盛顿

眼见印第安少年直往下沉，听到他断断续续的求救声，华盛顿连忙将猎枪放在大岩石上，脱去鞋袜，奋不顾身地跃入满是漩涡的深渊之中。

奋力爬上岸边的华盛顿，全身猛烈地颤抖着，双唇也呈现紫黑色，但是，他却还紧紧地搂着刚从水里救起的那个印第安少年，希望借着自己微弱的"体温"，早些恢复少年的气力。

"喂！你好些了吗？"

"谢谢你，由于你的救助，我才能幸免一死。"

少年颤抖着回答华盛顿，似乎对刚才的危难心有余悸。他的英文说得虽不很流利，语气却充满了感激与诚恳。

"你家住在哪里？"

"就在那边……那边的森林里。"

"那就赶快回家休息吧，免得你的爸妈为你担心。"

华盛顿一面拧着湿漉漉的外套，一面叮嘱着印第安少年。

"我怎么能独自一人回家呢？我不敢。"

"为什么？难道你不认识路？"

"不，如果我自己一个人回去，爸爸一定会责怪我是个忘恩负义的人。对于你的救命之恩无法亲自酬谢，爸爸一定会生气的。"

"既然如此，那好吧！我陪你回去。"

于是，华盛顿和印第安少年肩并着肩穿过夕阳斜照的森林小径。

进入森林深处，树荫浓密幽暗，就连平日勇敢的华盛顿，此刻也不免觉得毛骨悚然。尤其当他猛一抬头见到以骷髅头为标识，成一横列的土著队伍时，灵魂几乎都要出窍了。

这些都是肆无忌惮砍杀人头的野蛮人……不！不！应该说他们是把砍杀人头当作一种享受，甚至，将人头数量的多寡优劣，视为竞选酋长的必备条件。

少年发出了奇怪的叫声，于是，土著们立刻改变原来那副穷凶极恶的态度。原来土著酋长正好是这个少年的父亲。

他们狂欢似的高声呼喊，簇拥着救命恩人华盛顿，一路领着他来到部落。

也许是为了庆贺酋长之子的平安归来，不一会儿工夫，宽阔的广场便被打扫得干干净净，中央堆起了如山的柴薪，四周围满了土著人。

这时候，一位头插鸟羽，穿着丁字裤的印第安青年从人群间跳了出来，他手执长矛，脚下踩着毫无规律的舞步,大跳起看上去怪里怪气的庆贺舞;与此同时,队伍里其他年轻人也纷纷走到广场中央,扭着腰肢和臀部,又唱又叫,手舞足蹈。

熊熊的火光照红了每个人的面颊,尖锐的叫声和呐喊令人感觉有些刺耳,华盛顿更是全身起了鸡皮疙瘩。

由于这次事件意外地结识了印

知识链接

印第安人

　　印第安人,又称美洲原住民,是除爱斯基摩人外的所有美洲土著居民的总称。据传在一万五千至两万五千年前由亚洲经白令海峡陆续迁入,分布于南北美洲。16世纪前,多半尚处于母系氏族阶段,也有少数像玛雅人、阿兹特克人和印加人等已形成早期奴隶制国家和有相当高的文化。16世纪起遭欧洲殖民者的摧残和杀戮,发展中断,人口下降。现有三千二百余万人,主要从事农业。北美约剩八十余万人,大都被赶入保留地,生活艰苦。在中美和南美一般都受所在国统治者的歧视和同化。

　　由于历史原因,现在大多数印第安人都生活在偏僻的农村地区。和玛雅人一样,其他印第安民族也大都保留着自己传统的生活习俗。印第安人做饭时,仍喜欢使用质地粗糙的陶罐、石碗、木勺。有人生病时,他们采来草药,或将其点燃对病人进行烟熏,或煮汤为病人沐浴。他们至今喜欢穿着富有本民族特色的传统服装。许多印第安人仍住在原始的房屋里。在尤卡坦半岛,玛雅人在树林中开出一块平地,就地取材,把粗树枝一根根固定在地上,围成一个大圆圈,把棕榈树的大叶子搭在上面,房子就盖好了。

　　印第安人相信"万物有灵论",他们崇敬自然,对自然界的一草一木、一山一石都报以敬畏的态度。印第安人相当程度上已经被欧洲基督教信仰所同化,在今天,美国大部分印第安人信仰基督教,但印第安人的原始信仰仍然存在,它与基督教相混杂,成为一种奇怪的宗教信仰。在大多数部落,部落酋长仅负责对外事务,主要是与联邦或当地政府打交道。部落酋长对外代表部落,但他的任命权在宗教领袖,他在对内事务上更要听命于宗教领袖。

美国之父——华盛顿

第安土著，对于乔治·华盛顿此后的政治生涯具有相当重大的影响。

每当河水高涨时，印第安人会立刻无条件地贡献独木舟，帮助他们顺利而安全地通过河面，让他们得以继续溪谷的测量工作。

好不容易出现了短暂的晴天，气候又转为恶劣，临时搭建的帐篷已经湿透，棉被浸了水，又湿又重。在这种艰难的野外露宿日子里，生活中的点点滴滴便是日后最为美好的回忆。例如，有一次华盛顿因为昏然入梦，炭火引燃铺地的稻草，结果还是由于队友的帮助，他才从梦中惊醒而幸免于难。

将近两个月探险似的野外旅行，终于大功告成。测量队一行人于4月12日返抵巴隆山庄。费尔费斯公爵由衷地表示感激大家。

"怎么样？希兰特溪谷一行还满意吗？"费尔费斯公爵笑着问华盛顿说。

"是啊！这完全是由于您的赏识，我才有这等荣幸。这次希兰特溪谷之行的确有很大的收获，至少，我已实际体验了测量工作的艰辛以及了解到测量的本质与真谛。"

"每一项学问都是如此，现在你已经可以独立作业了，而且，这一回野外测量工作，太阳晒黑了你的皮肤，你看起来更成熟了。"

费尔费斯公爵在华盛顿所在的政府有关部门竭尽所能地为他申请了一份正式的测量师资格证书。

此后的三年时间里，华盛顿每天都过着忙碌的日子。

期间，费尔费斯公爵的副官缪兹教给华盛顿一种奇特的战术策略。劳伦斯大哥的同事布拉姆先生是一位荷兰籍的剑术高手，他也经常教华盛顿有关西洋剑术的技巧。

劳伦斯和奥古斯丁两位哥哥经过商量，决定将华盛顿送往英国攻读大学课程，可是，费尔费斯公爵却极力地表示反对。

"为什么要把这位前途光明的青年，送到那种魔窟里去呢？前往英国留学，非但不能获得新的知识，反而影响了他原有的各项优势，这岂不是得不偿失吗？"这便是费尔费斯公爵坚持留下华盛顿的理由。

不久，费尔费斯公爵在希兰特溪谷建了一座殖民式的宅邸，命名为"绿路之园"，竣工之后随即迁入。每当华盛顿前去拜访他时，两人总是相邀一同进入山区狩猎。

"猎狐行动若是没有胆大心细和机敏的身手以及当机立断的魄力，就难以达到目的。"费尔费斯公爵对于这位讨人喜欢的少年，总是不忘随时启发。

华盛顿仍然花费他大部分的时间和精力,专心致力于测量工作。当时,美国荒野的开拓计划一直在积极地进行,需要测量的土地到处都是,而拥有正式测量师资格的人却是少之又少。所以年轻的测量师很受欢迎。

"每夜休息的时间不超过三个小时……"这是华盛顿写给友人一封信中的开场白。

"一整天忙着干活儿,收工回家时便蹲在火堆旁,虽然陈设简陋,地上铺的是稻草,偶尔能有件猎得的熊皮来覆盖。但是,大家都不计较舒适的享乐,男女老少都不分彼此地席地而卧……仿佛越接近火焰的人,越是世界上最幸福的人。大伙儿已经养成了穿着外套就寝的习惯,这并不是懒惰,事实上,露宿的生活中,凡事总期望能够方便、简单。"

正是这样勤奋地工作,使得华盛顿在不知不觉中已逐渐向西部拓展,而且,他正为着自己能够成为美国的先驱,不断地储备精力、学识及经验。

※美国拓荒者

继承大笔遗产

"华盛顿，我们终于成立了俄亥俄公司。"刚从威廉·史帕克回来的劳伦斯大哥，急急地对华盛顿说道。

其实，这件事说来话长。有一天，一位名叫库列萨布的上校，突然出现在弗吉尼亚州的首府威廉·史帕克，他的行径总是那么令人不可思议，所以，事情也就这样开始了。

库列萨布上校用马车载满了堆得如山一般高的毛皮来到了威廉·史帕克，巧遇劳伦斯之后，劳伦斯便开始倾听他在阿帕拉契山后俄亥俄河一带各种精彩、刺激的经历。

※ 美丽的俄亥俄河

参加英法七年战争

◇ 图 说 名 人 ◇

名人名言

自己不能胜任的事情，不要轻易答应别人。一旦答应了别人，就必须实践自己的诺言。

——华盛顿

库列萨布上校几乎成了当地的统治者，组建了俄亥俄公司，该公司属于开发性质。另一方面，他在伦敦也已经和溪伯利公司签订协约，将该公司所生产或经营的产品输入山区，与土著们进行毛皮交易。

劳伦斯大哥为自己的公司作了简单的介绍，而事实上，这并不是一个单纯的毛皮买卖公司。

当时，英国在美洲大陆东海岸开垦了广阔的殖民地，并且逐渐伸入内陆，已经遍及阿帕拉契山区，正有翻越该山脉向西部发展的趋势。然而，若是翻越阿帕拉契山则立刻会与法国的势力范围相交接。

法国当时拥有的殖民地，北方到达加拿大的魁北克，南至密西西比河口一带，这范围以内的区域，便是新大陆开发的主要基地。法国政府一面从魁北克扩展到五大湖附近，日趋南下；另一方面则顺着密西西比河沿岸北上，两路交会处就是俄亥俄州。

如果全部掌握了俄亥俄河流域的话，法国的殖民地范围就会形成带状的南北连系形势。到那时候，英国的殖民范围若是想要向西方伸展，必然会为法国固若金汤的带状范围所阻碍，想克服这座无形的铜墙铁壁并不是很容易的。

※俄亥俄州的河流

于是，阿帕拉契山西侧从五大湖到俄亥俄河流域间的广阔地带，自然而然成为英、法两大国相互争夺的黄金地段。也正因为如此，这附近一带时时充满着浓烈的火药味。

野心勃勃的法国国王路易十四，拼命地派兵屯驻该区，准备占领俄亥俄河流域。

屯驻美洲的法军人数约八万，而当时英国殖民地人口却有百万之多，两者是无法相提并论的，因此，只要英国殖民地人民同心协力，必可轻而易举地战胜法军。但是，事实与想象的却并不一致。

法军人数虽少，但每一位士兵精神抖擞、行动敏捷，丝毫不敢怠慢疏忽。相反，英国虽拥有百万殖

美国之父——华盛顿

民人口，但是毫无军纪，甚至可以说是乌合之众，对于本国特派行政长官的命令，多半是充耳不闻，阳奉阴违。尽管英国政府当局费尽心机也无济于事。位于美洲大陆各州的英国殖民地，均设有独立的州议会，所以，有关殖民地的派兵问题以及供应军需品等都需征得殖民议会的同意方可行事。

而同样隶属于英国殖民地的弗吉尼亚州南部、宾夕法尼亚州、马萨诸塞州北部以及纽约州中部等地区，由于各地成立的背景不一，民情风俗各有差异，对于利害关系的见解也就大不相同。因此，在行动上，自然无法求得一致。

各州议会虽有明智的人士提出宝贵的意见，但若要确实施行却比登天还难。虽然经常完善地拟定了方针，但往往公布实施时，又会出现意见分歧。

※俄亥俄州州旗

事实虽然如此，但是，俄亥俄州的危机似乎分分秒秒地紧迫逼近，一刻也不能懈怠。倘若法军完成了占领俄亥俄州的计划，英国殖民地人民的处境就非常不妙了。

该怎么办呢？即使本国政府全力支援，也很难达成预期的目的，况且，各州殖民议会的意见又不统一。因此，以目前这种情形看来，的确需要一个保障英国殖民地未来前途的万全之策，以解除当前的危机。

基于这项远大的目标，九位股东合力创建了这个名为"俄亥俄"的开发公司。所谓"俄亥俄开发公司"，其创设宗旨就是突破英国殖民地的传统，积累向西方拓展的资本。

正因如此，俄亥俄公司成立之初，特地恳请英皇颁授俄亥俄河流域约五十万英亩的土地加以利用，主要目的是预计将来七年之间，将一百名眷属移居此地，然后再修筑巩固的要塞，以便防守。所以，俄亥俄公司的主要经营项目，并不是单纯的毛皮买卖，换句话说，该公司的成立，对于这片新大陆的发展，英、法两国的胜负，具有决定性的重要作用。

劳伦斯大哥向华盛顿作了上述的详细说明。

知识链接

百慕大岛

百慕大岛（又称百慕大群岛，旧称萨默斯岛），位于北大西洋，是英国的自治海外领地。位于北纬32度14分至32度25分，西经64度38分至64度53分，距北美洲约900千米、美国东岸佛罗里达州迈阿密东北约1100海里及加拿大新斯科舍省哈利法克斯东南约840海里。百慕大是历史最悠久的英国海外领地，早于英格兰殖民《1707年联合法案》颁布及英国建立前的一、两个世纪。联合国非殖民化委员会自1945年起将其列为全球16个非自治领地之一。

然而，天有不测风云，人有旦夕祸福，这位绝代青年才俊此刻却不幸病魔缠身。

劳伦斯原本是一位身强体健的海军健儿，可是，在西印度群岛的航行途中，不幸患上了肺结核，当时由于停泊时间仓促，加以事务繁忙，并没有彻底治疗，以致症状日趋严重，脸色惨白，两唇发黑，而且时有咳痰的现象。

"现在若不加以根本治疗，日后可就更难以痊愈。我希望你到百慕大岛静养一些时日，这样或许有助于身体的康复。"主治医师这样劝着劳伦斯。

1751年秋天，华盛顿的大嫂安夫人临盆之后，显得虚弱不堪，于是，代替大嫂照顾劳伦斯哥哥的责任，就落到这位从小就受哥哥呵护疼爱的华盛顿身上。当大哥准备前往百慕大岛就医时，华盛顿自然就跟随在身边。

经过了一个多月的海上航行，劳伦斯和华盛顿两兄弟终于到达了位于北大西洋的百慕大岛。

蔚蓝的天空，碧绿的海水，繁密的树丛中结满了不知名的累累果实，好一幅舒畅宜人的图画！这儿空气清新、民风淳朴，一切都是那么可爱。

可不幸的事情又发生了。刚到百慕大岛还不到两星期，原本负有看护病人责任的华盛顿抵不过病菌的侵袭，竟然感染了严重的天花。幸好，当地医药十分发达，对于病患的照顾也颇为周到，大约经过三周的疗养，身体已大致痊愈，但是，染患天花的华盛顿脸上却留下了终生无法弥补的疤痕，他成了十足的"大麻脸"。

虽然外表变丑陋，只要劳伦斯大哥的结核病能得以痊愈，华盛顿

美国之父——华盛顿

就感到心满意足,哪还会计较外表的丑与美。

可是,来到百慕大岛就医的劳伦斯,经过一段时间的治疗,不但病情毫无起色,反而有日趋恶化的现象,脸色显得更加憔悴而苍白。

"华盛顿,你陪着我远来百慕大岛就医,可真忙坏了你!这样吧,你搭乘下一班船回家去,尽快将你大嫂和侄子们接来。我想见他们最后一面。"劳伦斯皱着眉头这样说道。

华盛顿便马上动身返回故里。船行途中,遭遇狂风暴雨,船只就像枯叶一般漂流在浩瀚的海面上。

"多么无情的海浪啊!不知已吞噬了多少无辜的性命。"华盛顿伫立在甲板的一隅,凝视着澎湃汹涌的大海,喃喃自语道。

1752年11月初,冬天的脚步很明显地走近了,寒意笼罩着广阔的美洲大陆。在首府威廉·史帕克的街道上,一阵马蹄声响,驾驶着马车的就是乔治·华盛顿。

"你大嫂和侄子,请你代为照顾,其他未完成的事业以及俄亥俄公司的职务,也全权委托你了。"大哥临死之前,只留下了这句遗言。

不久以后,劳伦斯大哥就紧握着爱妻的双手与世长辞,结束了他三十四年的短暂生命。

刚刚年满二十岁的华盛顿,此时感觉肩上的负担日益加重。依据大哥的遗嘱,劳伦斯所拥有的土地及巨额财产,由其子女继承。在子女成年之前,华盛顿是法定监护人;若子女因故死亡,则由华盛顿依法继承。

没想到,劳伦斯唯一的幼女在父亲出殡后不久,也不幸因病夭折了。

那么,劳伦斯的妻子安夫人又怎么样了呢?由于她不久即再婚,表示不愿意经营这一片需要开拓的土地,希望折算为部分现金,然后每年领取收成时的红利。因此,年轻的华盛顿便意外地获得了巴隆山庄的所有权以及土地、财产的继承权。

此外,华盛顿还继承了俄亥俄公司的事业,并且,继劳伦斯大哥之后,被任命为陆军少校,同时被指派为弗吉尼亚四军区之一的北军区司令官。

※华盛顿乘船漂洋过海归来

冒死投递劝告书

华盛顿这位年轻的新任少校，接受任命之后随即迁入首府威廉·史帕克。当时的弗吉尼亚州大都为英国农村式的建筑，唯有威廉·史帕克稍具都市的形态。

首府威廉·史帕克有州长宅邸、州议会、州政府、州法院、军区司令部等机构，当然还少不了有一所科系不够齐全的大学。此外，州内的名流士绅在这大都市里也都拥有自己的寓所，因此，"社交界"在当地十分受重视，俱乐部、饭店、餐厅、酒店等，生意极为兴隆。

华盛顿停住马车，眺望着街道尽头处那座宽广的州长宅邸，明天一早，丁威迪州长就要接见这位新上任的少校继承人了！

"华盛顿先生，恭喜您！"

华盛顿听了这句祝词，猛然回头一看，原来是立契蒙市著名建筑师巴洛上校的大公子。

"华盛顿先生，下午如果方便的话，请您驾临威拉蒙餐馆，让我们共同为您举杯庆贺一番。"

"谢谢你，巴洛先生。"

华盛顿从此跃入政坛，成为各界瞩目的人物，并且广泛结交了各阶层人士

※刻有头像的印第安戒指

美国之父——华盛顿

为友。

傍晚时分,他如约前往威拉蒙餐馆。当华盛顿走进餐馆的时候,许多名士都过来一一打招呼,彼此自我介绍,他们大部分都是劳伦斯哥哥生前结识的朋友,但并不是每个人都对他表示由衷地敬佩和关爱,甚至有人私下还怀疑他的才能。尤其是州议员巴威尔先生更是尖酸刻薄,每次交谈时总是话中带刺,冷嘲热讽。

"怎么样?俄亥俄公司繁忙的业务,你有能力胜任吗?这一类的事业总免不了要担风险,没有经验的人是招架不住的。那些法国人、宾夕法尼亚人、印第安人,都应该将其视为公司的劲敌才可。地方的行政长官似乎也很有兴趣干涉开发公司的业务,像我们这样爱好和平的殖民者,岂不是要卷入毫无价值的战争之中吗?"

巴威尔先生的口气充满着责备与不满。华盛顿并不理会这些外来的中伤,翌日清晨就去州长官邸拜访州长。丁威迪是一位弃商从政的政界人物,目前,他也是俄亥俄公司的股东之一。

当华盛顿向他提起巴威尔议员的一席话时,丁威迪州长脸色大变地说:"既然法国都想要以武力来争取这个地方,我们更应该彻底联合英国各殖民军同心协力准备迎击。"

同心协力正是当务之急,但是,英国各殖民地的人民都还不知道共同利益和共同敌人究竟是什么呢。他们只是一味地相互猜忌。

果然不出丁威迪州长所料,法国的琉肯侯爵于1753年春,将一千五百名兵士移驻到伊利湖畔的布列史库艾鲁,一面建筑防御要塞,一面开垦广阔的大森林区,最后,终于建好了从阿列卡尼河通往俄亥俄河的道路。

凡是有远见的人都能感觉出俄亥俄地区已经面临着严重的危机。丁威迪州长感觉大事不妙,立刻十万火急地向英国政府报告了详情。而英国方面也迅速有了答复。

"法国若是还要继续侵略俄亥俄地区,首先应当以委婉的态度劝告他们自动撤退;如果他们置之不理,或者坚持不变,就必须下达命令,以武力予以击溃。"

虽然英国国王已经发布了这项指示,但是,要呈递这一份劝告书却非易事。

当时已是秋末初冬的季节,雨季即将来临,河水不久就要凝结成坚硬的冰块,交通将因此受阻,路途难行。而且,蛮荒的森林里,倾向于法军的土著人为数可观,若想完成任务，这一段行程将是十分坎坷艰辛的。

丁威迪州长曾经派遣一位名叫托连特的上尉去完成这艰巨的使命，然而他却在途中打了退堂鼓。

正当丁威迪州长忧虑没有适当人选时，有一个人说道："长官，请让我去试试看吧！"这样毅然恳求担负此项任务的人，竟然是年仅二十一岁的少校乔治·华盛顿。

知识链接

土著人

土著人既不种地也不放牧，是一个少有的从不驯化土地的民族，五万年来他们只满足于大自然所赋予他们的一切。何谓"土著人"，目前国际上尚无定论。一般认为，土著人系指在外来的种族到来之前，那些祖祖辈辈繁衍生息在一个国家或地区的人民。他们由于外来者的入侵及文化"同化"，陷入很不利的境地，如美洲的印第安人、大洋洲的毛利人和靠近北极圈的因纽特人等。据联合国有关机构估计，在全世界五大洲70多个国家中，生活着5000多个土著人团体，共有3亿名土著居民。

"你能够完成吗？"

华盛顿虽然年纪很轻，但是，他已被任命为北军区的司令官，过去三年之间一直担任测量师，所以，他的名声早已传遍各边境地区。此外，由于他经营俄亥俄公司的开发业务，对于国境地方的形势，自然是了如指掌。而且，在沉着敦厚的处事态度基础上，他又不失勇猛果敢的精神，的确是个不同寻常的人物，此前，州长对他也略有了解。

"你如果真决定担负起这样艰巨的使命，虽然是单枪匹马却抵得上百万大军了。好吧！一切都拜托你了。"

"阁下，请放心，其实，这也是我的荣幸。"

当华盛顿即将动身的那一天早上，费尔费斯夫人打趣着说："华盛顿，就凭你单枪匹马，能够使那帮蛮不讲理的家伙撤退吗？"

"夫人，事情当然没这么简单啊！"

华盛顿表面上一本正经地回答，暗地里却做出了即使牺牲生命也在所不惜，无论如何一定要将劝告书送达法军司令部的决定。随后他便跃上马背，一面挥帽道别，一面朝着林荫大道出发。

费尔费斯夫人目送着华盛顿的

美国之父——华盛顿

※ 美国独立战争中的华盛顿

背影，喃喃地赞叹道："也许从今以后便是华盛顿的新生，命运将会把他引领到更高更远的境界，使他有更为美好的前途。"

破晓的曙光染红了环绕在维鲁士湾周围的荒丘，整装待发的华盛顿从帐篷里走了出来。

这时候，一位戴着毛皮帽子的白人迎面走过来。他就是俄亥俄公司三年前雇用的员工之一，长期担任俄亥俄州勘查工作的拓荒者基斯得。

"少校，昨天刚下过一场暴雨，道路泥泞，而且山上一定积满了厚厚的霜雪，这样的气候是否需要变更行程呢？"

"假使变更行程，你认为气候可能好转吗？"

"我怎么敢肯定呢？"

"那么，咱们就出发吧！"

大约经过了三十分钟，载着行李的七匹马在准备就绪之后便从宿营地出发了。这一行人除了华盛顿和基斯得之外，还包括在巴隆山庄教授西洋剑术的荷兰籍老师布拉姆先生以及担任土语翻译的列比得逊四人。他们一路上披荆斩棘，开辟新道路。饮食方面则由三位雇佣负责。他们经常变换着口味，有时猎得山鸡，有时则钓到河里的鲜鱼。

一行人冒着暴风雨直向罗帖鲁山的险道前进，路上被强风吹倒的巨木，常常挡住了他们的去路。

当他们来到莫洛卡荷拉河的塔多鲁湾时，便由基斯得带路前往俄亥俄公司特设的森林小屋——北方观测所。可是，出人意料的是，该观测所竟然被一位名叫约翰·凯鲁的法军军官所占领，并派有军队屯驻于此。可见，法军早已占领了这一带。

华盛顿见到这种情形，一时目瞪口呆，不知所措。过了一会儿，稍稍镇静之后，他心想，无论如何一定得和法国将军约翰·凯鲁进行谈判。于是，这一行人便鼓足勇气朝着森林小屋走去。这时候，一位印第安人骑着马跑过来对他们说，森林里有许多强悍的土著部落都已归顺于法军旗下了，你们得多加小心。

"这么说来，我们更不能有丝毫疏忽和松懈了！"

华盛顿听取了印第安人的劝告，不再去森林小屋了。但却又不肯改变自己的原则，于是便领着这一行人一直前进。

一路上，由于河水高涨，马匹无法涉水过去，因此只好将货物和马匹一起利用竹筏及独木舟顺流而下。他们很快就到达了莫洛卡荷拉河与阿列卡尼河的交汇处——俄亥俄河流域。

直到太阳下山之后，他们才到达名为洛布斯城的印第安人部落，本来想向酋长询问些当地的情势，结果发觉法军好像已经在俄亥俄地区修筑了两座大小不同的要塞，较大的位于伊利湖畔，较小的则位于夫连基湾。两地相距大约20千米，运输交通工具完全依赖马匹。

于是，华盛顿直截了当地向酋长吐露了此行的最终目的，并且表明即将与法军将领谈判，只希望酋长能够助以一臂之力，使他们早日完成使命。不料，酋长听他这么一说，顿时显得目光呆滞，脸上毫无表情。

"哎！我们干脆再找其他的部落磋商吧！否则可就要耽误大事了。这

※印第安人村庄

美国之父——华盛顿

些人显得非常胆怯,一直不敢贸然行事,仿佛是招惹不起略居上风的法国军队。"

如果不能得到印第安酋长的协助,就根本无法顺利地进行这项计划,仅凭白人单薄的力量是绝对不够的。

正当大伙儿发愁之际,第四天清晨,森林中传来一阵急促的马蹄声。

"是白雷来了。"大家异口同声地嚷着。

"白雷"就是附近一带最具势力的酋长。走近一看,这位酋长正轻快地跃下马来。

华盛顿瞪大了双眼说:"你不就是……"

华盛顿兴奋得说话都有些结结巴巴。

"哦!原来是你……"

白雷就是华盛顿当年担任测量师时,在湍急的河流中救起的那位印第安少年的父亲。

这真是奇遇!在这势单力薄的荒郊野外,能够巧遇白雷酋长,简直是上天在保佑。

"白雷酋长,目前我身负重任,而且必须尽快完成,今后还要有劳您多多照顾。"

"好的,请尽管放心吧!"

由于白雷酋长从中斡旋,只花了几天的工夫,其他部落的酋长们便完全赞同了他们的行动。

又经过了几天,他们这一行人才到达伯朝格城。只见被法军占领的俄亥俄公司所属的监护站,竟飘扬着法国国旗。

走进监护站,三位法军将校正玩着桥牌。华盛顿问道:"请问队长是哪一位?"

其中一人回答说:"我就是,我负责指挥俄亥俄地区。"

这样不慌不忙作回答的人,正是被称为第一等国境阴谋探测家的约翰·凯鲁上尉。

华盛顿迫不及待地告诉他自己身负的使命——呈递英王的亲笔劝

※印第安人雕塑

告书。

"好吧！既然如此，邻近的要塞中有位司令官，你们亲自去向他报告吧！不过……"约翰·凯鲁上尉满脸不悦，语气也是爱理不理的。

"不管情势如何恶劣，我们一定要将俄亥俄地区夺取过来。或许英军的确可以派出两倍于我军的兵力，但是那些毫无纪律、行动散漫的英军，又怎能打败我们的军队呢？"

当天晚上，约翰·凯鲁上尉如此安慰着自己，并且决定设宴款待各部落的酋长们，目的是想借此机会把他们拉拢为自己的力量。

印第安人的特性就是讲义气，约翰·凯鲁上尉企图以宴席中的醇酒来笼络他们。

正当约翰·凯鲁上尉极力劝酒的时候，白雷酋长却说："这片土地为我们所有，而英国人就是我们的兄弟。即使我们全军覆没，也要和英军站在同一阵线的，我们绝不会改变这项原则。"

白雷酋长丝毫不为所动，表明了自己的坚定立场。尽管约翰·凯鲁上尉一再地劝诱，也丝毫无济于事。

接着，白雷酋长恼怒地叱责道："贵国曾经派遣使者前来我的部落协调，还订立了绝不侵略的协约，如今我们来到此地，整条街道上却充满了血腥味，这难道就是你们法军的杰作吗？你们还有什么话可说？"

白雷酋长一面怒气冲冲地嚷着，一面脱下颈间的贝壳项链退回给上尉。

在印第安的风俗中，退还双方互赠的纪念品，即表示"绝交"之意。显然，约翰·凯鲁上尉的计谋彻底失败了。

华盛顿一行自从出发以来，已经是第四十一天了。这段日子里他们饱受冬雪的侵袭、骤雨的淋洒、

知识链接

酋　长

酋长是一个部落的首领。酋长制度在撒哈拉沙漠以南的非洲广大地区比较普遍，尤其盛行在广大偏远、落后的地区。据考察，酋长制度最初是从原始的氏族制度发展演变而来的。非洲在从奴隶社会向封建社会逐渐过渡时，大大小小的酋长土邦和酋长制度便慢慢在氏族制度的基础上形成了。无论是过去还是今天，酋长制度在非洲的政治生活和社会生活中都有着举足轻重的作用。

美国之父——华盛顿

狂风的吹掠，翻越海拔800米的高山，涉渡深不可测的急流险滩，历经千难万险，终于到达了法国军部的要塞。

法军要塞坐落于伊利湖南方大约二十千米的地方，这是坐落在宽阔的广场周围的四幢高大楼房，四面八方均以三米高的栅栏围起，厚而坚的墙壁上凿有枪眼孔，看来的确是固若金汤，令人不敢轻易越雷池一步。

该要塞的法军司令官是两鬓斑白的桑·皮耶鲁将军。他以十分亲切、和蔼的态度来迎接这位年轻的特使。

尽管他的接待态度非常诚恳，但关于最重要的英王亲笔劝告书，却固执己见不愿接受。他认为司令官没有这个权力，必须转交总督大人请他决定。显而易见这就是他为了推卸责任而找出的借口。

然而，华盛顿却极力争取，希望能够圆满完成任务。经过若干次机智的发问以及固执的答复，老将军终于拗不过年轻人，只得勉为其难地答应了华盛顿的要求。

老司令官最后说："敝国日后的复函内容，必定能够遵照各项正统的礼仪，至于撤军一事又当别论，尤其从阿帕拉契山脉到西方大陆之间的领土，自然应当属于我国所有……"

"谢谢你，那么，我们得告辞了。"年轻的特使站起身来说。

当华盛顿一行人即将离开之前，老司令官特地在他们的渡船上装载了许多醇酒和干粮，面带微笑为他们送行。不过，他一再表示，法国绝不会依约撤军。

英王的亲笔劝告书已由桑·皮耶鲁老司令官代为转交。华盛顿的任务已完成了一大部分，不料回去的路程比去的时候更为坎坷。

天气恶劣不利于行动，夫连济河的水位不断增高，狂风呼呼怒吼，浮冰的撞击声不断作响。华盛顿等一行人所搭乘的独木舟，好几次险些因为触上岩礁而沉没，船身摇晃不定，就连马匹似乎也由于晕船而大声嘶喊。

"迫不得已，咱们只好跳水了！"

说完，华盛顿便率先"扑通"一声跳下水去，接着其他人也一个接一个跳了下去。他们一面紧拖着独木舟，一面顾及船上装载的货物，好不容易才渡过了又冷又急的河流，由于河水的冻结，有的时候还必须扛着独木舟走在坚冰之上，通过长长的峡谷。

任何艰难的环境似乎都难不倒雄心万丈的华盛顿，但是，重重的

※华盛顿纪念碑

难题却接二连三地烦扰着他。当他们一行人到达柏朋格城的时候,白雷酋长却在一次意外中受了伤,不能再和他们结伴同行了。

"这样吧!你们继续前进,别为了我而耽误行程,但是,此后所遇到的土著,几乎都是蛮不讲理的家伙。如果有我同行,当然没有问题,遗憾的是我身体状况已不允许再继续护送你们了,请多保重!"白雷酋长那双颤抖的手紧紧握着华盛顿叮嘱着说。

从柏朋格城出发之后,道路更加险峻,驮着帐篷和食粮的马匹显得疲惫不堪。

寒意逼人,雪花纷飞,就连树枝似乎也有些负荷不了积雪的样子。驮马的脚印零乱不整,可见其体力透支已经到了很严重的程度。

"嘿!布拉姆老师。"

华盛顿沉思许久之后,终于下定了决心,猛然地回头叫住剑术老师布拉姆先生。

"我必须尽快赶回去向行政长官报告这项任务已经完成,所以,我要从森林中的捷径赶回去,驮马及所有货物就拜托你了。"

于是,当天晚上,华盛顿更换了深黑色的衣服,肩上背着干粮以及一把小手枪先行离开。和他同行的只有基斯得一个人。

走了一段路程,已到夜半时

美国之父——华盛顿

分,两人便捡拾一些干枝枯叶引火取暖,并且就地而眠。

当他们到达印第安"杀人族"领地时,深为这不祥的族名所担忧。虽然准备偷偷地经过此地,但是却没躲过"杀人族"的窥视。穷凶极恶的族人一呼百应,一会儿便群集于华盛顿和基斯得身旁。

"糟了!情形不妙!"

华盛顿立刻想起白雷酋长的警告,"杀人族"也许是归顺于法军的部落吧?

"你们是不是徒步而来的?什么时候从柏朋格出发的?"

"是的,由于途中道路险阻,走了好久才到达此地。"

"那么,马匹是尾随在后面吗?大约什么时候可以到达?"

"可能稍微慢个一两天吧。"

由于这样琐碎的盘问,华盛顿感到十分厌烦,对答时当然也就显出一副不耐烦的神情。族人们似乎已经觉察出来,只是没有点破罢了。彼此虚应一番之后,华盛顿就在该部落中雇了一位族人作为向导。这位土著连一句话也没说,背起了华盛顿的行囊便大步向荒草满地的山间小路走去。

这样马不停蹄地持续走了十五千米的路程,原本体魄强健的华盛顿,此时也变得面无血色,四肢酸软。

"今天咱们就在此扎营吧。"华盛顿这样说着。带路的土著却大为惊讶地说:"这怎么行呢?距离此地不远处就有归降法军的土著部落。他们都是野蛮人,若是在这里生火扎营,一定会被他们发现,说不定咱们的性命就保不住了。如果你感到很疲倦,让我来替你拿着枪支,你振作起来,打起精神往前走吧!"

"算了,我还能拿得动枪支!"

在这充满杀气的蛮荒地区,枪支就是白人唯一的防卫武器,机警的华盛顿岂肯将它轻易交给他人保管呢?

不久,他们走出浓密的森林,来到一片广阔的空地上。离开了幽暗的树荫,呈现在他们眼前的是一片开朗的气象,向前眺望,可以看见一座规模庞大的牧场。

突然间,那个领路的土著趁着华盛顿不注意时,夺取了他腰间的手枪。华盛顿猛然回头一看,只见他已扣动扳机,"砰"的一声枪响,华盛顿随着枪弹的声响俯卧在冰雪所覆盖的地面上,身体却没有受到伤害。

基斯得和华盛顿同时回头瞪着领路土著,可是,土著却早已隐身

27

在一株巨大的树后，正准备再发射第二颗子弹。

华盛顿和基斯得眼见情况危急，连忙躲进草丛里，悄悄地匍匐到那个土著的身旁，一把将他逮个正着。

"可恶的家伙，宰了他吧！"

基斯得再也无法忍受心中的怒气，凶煞般地瞪着这个土著。可是华盛顿却向基斯得使了个眼色，然后不急不缓地对带路者说："刚才你开枪的目的是不是由于道路辨别不清，故意开枪作为信号？"

华盛顿故意这样问他。但是，带路者却表现得若无其事，满不在乎地回答说：

"是又怎样？"

"果真如此，那么你先回家休息吧！我实在太疲倦了，走都走不动，今晚我决定就在这里生火露宿，明天早上请你帮我送些肉食来。"说完，华盛顿就塞给他一些充饥的干粮。而这个土著拿起干粮，头也不回便鼠窜而去。

基斯得在一旁凝神倾听他奔跑的脚步声，直到他消失为止，随后便同华盛顿继续赶路。无论身后有没有追击者，哪怕多走一千米路

※江中撑竹筏的人

美国之父——华盛顿

程,对他们来说,就能增加一些安全感。

就这样匆匆地赶了一天一夜,两人拖着疲惫的步伐来到阿列卡尼河畔。

"糟了!基斯得!"

华盛顿看了看河面,几乎完全冻结,主流还有巨大的浮冰,正互相撞击而啪啪作响。

在无可奈何的情况下,他们只能企盼明天的大气能够好转些,于是,两人就在岸边度过了不能阖眼的漫长之夜。

天刚破晓,晨曦微露,两人立刻拿起了小斧头砍竹子。花了将近一天的工夫,简陋的竹筏总算大功告成。当竹筏下水的时候,已经是夕阳西沉的黄昏时分了。

两人不顾天色的昏暗,乘上竹筏朝着对岸驶去,然而,尚未到达河流的中央,竹筏却被顺流的浮冰所阻碍,弄得两人进退两难。

华盛顿费了九牛二虎之力,使劲地撑着长竿,可是,流水却更加显得湍急激荡。

当华盛顿硬撑着长竿时,不料,"啪"的一声巨响,华盛顿被弓形的长竿弹落在冰冷的河水之中。

"这样子太危险!基斯得,咱们还是游泳过河吧!"华盛顿在河里这样喊着。随后,基斯得也跃入河中,两人共同游向小岛。他们就这样得以化险为夷,避过了又一次的危机。

登上岛岸之后,两人已全身湿透,四肢僵硬得无法动弹。唯一值得庆幸的是,在这孤岛上,可以不必担忧任何印第安部落的侵袭。

翌日清晨,基斯得登上岛屿的最高峰,情不自禁地高声欢呼——为了危机的解除,欢呼!

享受了一阵子轻松的喜悦后,他们又要准备出发了。当天天气并没有好转,浮冰持续不断,连一点儿空隙也没有。不过,这次倒不必再为交通工具伤脑筋了,两人小心翼翼地踩着浮冰到达了河的彼岸。

同法军的森林战斗

1754 年1月11日,在贝鲁波亚的费尔费斯宅邸,宽广的大厅里欢声雷动。

有人从二楼的窗口眺望着林荫大道叫着:"看!那就是华盛顿少校,就是华盛顿呀!"嚷叫的声音里夹杂着兴奋的雀跃。

果然,大步走进厅堂的人正是衣衫褴褛的华盛顿。他上身披着破烂的兽皮,面颊和唇边长满了又浓又密的胡子,显然是好久没刮了,脸上透露着历经风霜后的疲惫不堪。

"平安归来就好,咱们马上为他开个庆功宴。"

费尔费斯公爵这样宣布说。可是莎丽夫人却连忙阻止说:"不行,现在华盛顿最需要的是洗个热水澡以及充分的休息和睡眠。还是早点让他睡觉,设宴和庆功的事情,明天再说吧!"

听莎丽夫人说完,华盛顿笑着回答:"明天,这怎么可以?明天我得前往威廉·史帕克拜访州长阁下,尽快将法军司令官的复函交给他。"

华盛顿少校的冒险经历很快地传开,获得了弗吉尼亚州各界人士的好评。他对局势做了精确分析,法国积极修筑要塞和碉堡,甚至增兵、开路、拓荒的侵略意图也更加显而易见。

丁威迪州长立即召开州议会。征收军事费用主

※弗吉尼亚的街道

美国之父——华盛顿

要的来源是目前将租借给人民的公有土地一律征收租金,借以作为军费之用。

而事实上这一项提案并没有获得附议,州议会不同意支付此军费款项。脾气倔强的丁威迪州长根本不等州议会的决议如何,就毅然决定命令华盛顿率领百名民兵,实施防卫俄亥俄州的计划。

华盛顿崭露头角的日子似乎越来越近了。

华盛顿开始着手新兵的募集工作,但是,召集而来的"新兵"中大部分是为了混口饭吃的无赖,或者是无家可归的流浪汉,甚至有些是沿街乞讨的叫花子。若要将这群乌合之众训练成精良的军队,恐怕比登天还难!

后来,由于州议会也感觉到俄亥俄州的危机四伏,危险日益逼近,终于决定挪出一万英镑作为军费。有了这一万英镑,足够将四百名士兵送上战场。同时,华盛顿也被提升为中校,并被任命为边境战役的总司令官。可是,他却谦虚地表示:"我年纪还轻,恐怕没有能力胜任。"并极力推荐夫莱上校担任总司令官,自己则退居副司令之职,担任先锋队长。

"华盛顿竟然升为中校了,他应该算是最年轻的中校了。"

知识链接

英 镑

英镑是英国国家货币和货币单位名称。英镑主要由英格兰银行发行,但亦有其他发行机构。最常用于表示英镑的符号是£(pound)。国际标准化组织为英镑取的ISO 4217货币代码为GBP(Great Britain Pound)。除了英国本土,英国海外领地的货币也以镑作为单位,与英镑的汇率固定为1:1。

"可不是吗?他的确具有胜任中校的能力。在弗吉尼亚州内,几乎找不出比他更优秀的战术家。"

"可是,仅凭他那股微弱的力量和那些临时招募的民兵去面对训练精良的法军部队,岂不是玩命吗?"

当众人谈论之际,华盛顿正巧来到了费尔费斯官邸。

"华盛顿,我们正在谈论有关你的事呢。"

"是吗?我终于得到了出发的命令。"

"哦!你将举兵屯驻俄亥俄州,什么时候起程?"

"大约一个礼拜以内吧。"

果然，4月2日那一天，华盛顿率领着仅有的两纵队的一百六十名民兵出发了。但是，这次的行动似乎又慢了半拍，原先计划要抢先一步制服法军，不料，法军竟已抢先乘船到达了荷库斯港。

华盛顿开始显得有些急躁，经过仔细研究，决定从维鲁士湾开路前进。不过，这项决定的确是件艰难的工程，砍树、铲岩、架桥、辟道……直到5月下旬，这一行人仍然无法越过阿帕拉契山。

"法军部队拥有充裕的粮食和薪饷，要塞里又堆满着武器弹药，他们不需要披荆斩棘地开道辟路，调防或出击时又有渡船作为交通工具。"在一旁发愣的布拉姆喃喃自语。

实际情形确是如此。法军充分利用阿列卡尼河来运送军需品及物资，已经大致完成了琉肯要塞的修筑工作，兵力已由500人增加到1400人之多，至于是否真会演变成战争，却是人们无法预料的事。

"出发吧！"

华盛顿不甘示弱地率领着民兵，决定从维鲁士湾开始进军。

一个下着细雨的黄昏，华盛顿率领部队摸黑行进。当他们熬过了沉寂的深夜，正值东方破晓之际，印第安酋长指着前人留下的脚印喊着："你们看！"

只见地面上留有沾着鲜血的脚印，经过判断很可能是法军遗留下来的，由此可见敌军不久前曾经来过此地。

华盛顿心想，若是能够不费一枪一弹活捉敌军岂不是大快人心！于是就率兵潜伏在草丛里，一步一步慢慢向前逼近。

"砰——砰——"

突然，一连串激烈的枪声从岩石缝里以及树丛之间传出来。华盛顿身旁的一位民兵中枪倒地，还有三位民兵也分别身负重伤。

"开始射击！"

华盛顿一声令下，顿时枪弹齐发。

在大约十五分钟的枪战时间里，仿佛一切具有生命的物体都停止呼吸，只顾着该如何征服对方。最后，法军终于自乱阵脚先

※独立战争为自由而战

行撤退。

法军队长裘蒙布在枪战时中弹身亡,其他二十一名士兵均成为华盛顿军的俘虏。

被俘虏的法军士兵极力地为自己的身份辩白,说他们都是法国政府派遣的谈判人员。但是,这种话华盛顿怎能听信呢?尤其在战死的队长衣袋中搜出了法军司令官的命令书之后。

华盛顿丝毫不加理会,连忙向州长呈递报告。大致内容如下:"……如果照他们所说,裘蒙布负有和平任务,那么,为何率领三十名武装士兵呢?为何在炎热的5月间隐身杂木草丛之中?为何十万火急地派兵前往琉肯要塞求助?……"

同时,华盛顿也写了封信给住在巴隆山庄的弟弟佳奇:"这一回森林战斗,我连一点外伤都没有,但是,我身旁的士兵却有一人壮烈牺牲了,这是因为我们不懂得如何隐蔽的缘故。除了一位战死的士兵以外,其余则负伤累累。当然,我也听到了敌军中弹的呻吟,虽然其哀号声令人心惊,却又觉得兴奋不已。"

两天之后,基斯得匆匆忙忙骑着马赶来报告说:"夫莱上校因病亡故,政府任命华盛顿中校为司令官。"

华盛顿对于这样重大的责任,只好默然地承受了。反正事情已经到了这种地步,究竟两军孰胜孰负?除了一决雌雄外,别无他途。

当局势最动荡之际,他深入法军阵地之中,独自率军奋战于荒山野地,好不容易将兵力增加到三百名之多,但是,部队封闭在荒野中的乃歇西济要塞,根本无法获得正规的训练,而且军饷微薄、弹药匮乏,这一切都是走向胜利的障碍。

反观法军,尽管阵地狭窄,但无论兵源数量、训练、伙食均远在英军之上。装备方面有大炮,弹药充足,且能不断补给军需以及增派援军等。

尽管法军的阵容强大、防守坚固,但华盛顿却始终没有撤退的意图。他仍然鼓足勇气向州长报告说:"我有十成的把握能够以极少数的兵力,面对敌军强大的阵容。虽然这样的战事何时结束无法预期,但若是敌军敢于侵犯,我军必将奋力迎击,赴汤蹈火在所不惜,以保卫自己的领土。如果阁下获悉我军败北的消息,请别责怪我们,即使战到一兵一卒,我们也绝不投降。我们决心要奋战到底……"

误签投降书

乃歇西济要塞的正式攻防战，终于在幽暗的黑夜里爆发了。

令人毛骨悚然、心惊肉跳的枪炮声响彻云霄。修筑于各山之间的要塞不断地射出炮弹。可是，敌军巧妙地运用了隐蔽战术，一个个躲藏在山岩或树木之后，连一丝踪影也看不见。

"射击！"华盛顿激动地下达命令，可是，目标究竟该瞄准何处呢？大伙儿均不知该怎么办，在这伸手不见五指的漆黑夜晚，只好以敌方射击后的袅袅白烟作为目标。

第二天午后，突然下了一场暴雨，双方都没有因为大雨的来袭而停火，相反，展开了一场更激烈的枪战。修建于谷底的要塞已经完全浸在积水中，全身湿透的士兵仍然一面擦拭面颊上的雨水，一面奋勇应战。

临近傍晚时分，勇敢善战的华盛顿竟也感到有些手足无措了。

城壁的周围遗尸累累，粮仓已起火燃烧，军需品和粮食付之一炬，弹药殆尽，大炮也无法再落到主要的目标，被水浸湿的枪支更是无用武之地。

这时候，略居优势的法军正一

※硝烟弥漫的战场

美国之父——华盛顿

步步地逼近。不过，意志坚定的华盛顿仍然毫无退缩之意。

"到这种地步，咱们只好和他们进行肉搏战了。"他这样果断地安排了此后的应对办法。

夜晚8点左右，号角突然响起，在倾盆大雨之中，有个举着白旗的法军走了过来。

"喂！你来的目的是什么？"虽然战况对己方不利，华盛顿却仍然不失大将风度，以十分严肃的态度盘问着法军的特使。

"我特地前来劝你们投降。"

"投降？绝不可能！即使剩下一兵一卒，我们也要奋战到底。"

"可是，我们并不喜欢毫无意义的屠杀，我们只是为了占领要塞罢了。"

"你的意思是要我无条件交出我军要塞吗？"

"正是如此。"

"那么，投降又另当别论是吗？好！咱们不妨仔细地商量商量。"

于是，投降谈判也就变成了"转让要塞"的交涉。经过一番磋商后，布拉姆上尉临时充当英方代表，在暴雨之中三次往返于两军阵地之间，最后终于将"转让要塞"的条件顺利完成。

互惠的条文内容是以法文书写，布拉姆上尉在雨中往返，那份

知识链接

上 尉

上尉，军队中的尉级军官的军衔称号。上尉一词来源于拉丁文"首领"，是一个非常古老的军事术语。西方陆军最早的组织形式是被称作"连"的单位，每个连由一名上尉指挥，当时的上尉是一种职称，在德文中至今上尉和连长是同一个词(Hauptmann)。这个词由"头"和"人"两词组合而成，表示一个地位显赫的人，过去一般是对首领或司令官的称呼。以后，上尉逐渐演变为担任连长职务者的军衔称号。世界各国的军衔体系中，都设有上尉军衔。在绝大多数不设大尉军衔的国家，上尉是尉官的最高级别。

协约书早已浸湿破损，后来，只好以口述方式予以翻译。

室外下着暴雨，放在弹药箱上的烛台，发出微弱的光芒耀动不已，这种晃动的光线使得华盛顿整理文件的工作更为吃力。

布拉姆上尉将要塞转移的条件，用不甚流畅的英文一项项表达出来，华盛顿及手下部将个个都凝神倾听。

协约书的内容大致如下：

英军不必成为俘虏，全体士兵均可携带武器，高举军旗，一面演奏军歌，一面从要塞中慢慢撤退。但是，以前被英军俘虏的法军必须全部释放。此后一年的时间内，阿帕拉契山至西方领土之间，不得再建造任何要塞或碉堡。

"好！"华盛顿听完之后便满口答应。同时，目光在所有部将的脸上巡视一遍，每一位部将也都默默地点头。

于是，华盛顿拿起钢笔签名。可是，他万万没有想到在这样优厚的条件之中，竟然隐藏了一枚无形的炸弹。协约书上有一条是这样的："英军必须将以前谋杀裘蒙布队长时所俘虏的士兵逐一释回。"

为何敌军将领比利耶特意注明此一条件呢？因为，比利耶就是当时森林战役中战死的法军队长裘蒙布的同胞兄弟。比利耶知道弟弟当时的确肩负着"和平"的使命，不料竟死于英军的枪弹之下，所以，他决定在这协约书中布下这一枚无形的炸弹，借此为自己的胞弟报仇。

可是，翻译官布拉姆上尉在疲于奔命的情况下，竟然将"谋杀"二字译为"战死"。

翌日清晨，华盛顿及其部将虽然内心沉痛，仍然打起部队军旗，步伐整齐地撤出要塞，华盛顿率领着衣衫褴褛、满身污秽的残兵败将返回威廉·史帕克。

经历了这一次乃歇西济要塞战役，华盛顿才真正体会出"行万里路胜读万卷书"的道理。实际的经验与课本上所说的是不尽相同的。实际的经验需要灵活运用，课本上的只是死的理论。

一面自我检讨，一面效法他人的华盛顿，当然也负起了战败的全部责任。总而言之，在他内心有着一份深深的歉疚。可是，当他去见州长时，却受到丁威迪州长意外的

※一身戎装的华盛顿

美国之父——华盛顿

安慰和鼓励。

"恭喜你平安归来，华盛顿先生。"他紧握着华盛顿的手说，"战败固然是遗憾，但并不可耻，请别自责！你能够如约遵守军纪，保持我军最高的荣誉，我谨代表英国政府向你致以最深厚的谢意。"

丁迪威州长随即又压低声音说："另外，还有件事一直难以开口。由于这次的失败，英国本土各界议论纷纷，所以，不久以后便要增派援兵前来助阵。"

听了这一番话，华盛顿心中的自责才稍稍得以化解。尤其当他告辞步出官邸的大门，民众们以欢迎凯旋的将领一般来欢迎他，不断对他喝彩欢呼时。

这位败军之将一直受着最优厚的礼遇。然而好景不长，不久，比利耶将军在协约书中所安置的无形炸弹终于爆发了。

知识链接

法国印第安人战争的爆发

这场殖民地所参加的战争起源于1753年，法国人在当时属于弗吉尼亚州领土的俄亥俄谷地建立许多堡垒，这是法国人的战略之一。

法国人得到当地印第安人的支持，试图阻止英国人继续向西扩张他们在美洲的殖民地，并阻挡殖民地内的英国军队。弗吉尼亚州的州长是罗伯特·丁威迪，当时担任少校的华盛顿替他向法国指挥官递交了最后通牒书，要求法国人离开。华盛顿将过程透露给当地的报纸，而他也因此成为传奇人物。但法国人拒绝撤离，因此在1754年，丁威迪派遣了刚升迁中校的华盛顿率领弗吉尼亚第一军团，前往俄亥俄谷地攻击法国人。

华盛顿率领军队伏击了一队由法裔加拿大人组成的侦察队，在短暂的战斗后，华盛顿的印第安人盟友族人杀害了法国指挥官，接着华盛顿在那里建立了一座堡垒，但在数量更多的法军和其他印第安人部队进攻下，这座堡垒很快便被攻陷，他也被迫投降。投降时华盛顿签下一份承认他"刺杀"了法军指挥官的文书（因为这份文书用法文写成，华盛顿根本看不懂）。而这份文书导致了国际的事变，成为法国印第安人战争的起因之一。这场战争也是七年战争的一部分。

中校降为上尉

有关协约书的签字，不仅仅在弗吉尼亚州盛传，就连全美各殖民地也都纷纷议论着。尤其是欧洲地区更是大肆渲染。荷兰报纸也登载着英军枪杀和平大使的消息，并采访一些学者专家，把他们的批评及责难——刊登出来。

法国外务大臣则公开表明：在文明各国之间，谋杀和平大使就等于侮辱最神圣的权力……

面对有关这一质问，英国殖民大臣答复说：本国必定严惩嫌犯！

华盛顿听到这样的消息，愤懑不已，马上前往弗吉尼亚州议会挺身作证，打算为自己辩白。

"他们哪是什么和平大使？只不过是在混战中阵亡的敌军，怎么可以说是'谋杀'呢？"华盛顿详细地说明了当时的情形，丁威迪州长更是尽力为他辩护。军中同僚也一个个指出法国将领比利耶的阴谋诡计，他们异口同声地赞扬华盛顿的英勇

※宾夕法尼亚州州旗

美国之父——华盛顿

果断。

另外,在宾夕法尼亚州有位名叫富兰克林的人,公开地把事实真相发表于各大报章上。他以"华盛顿是个年轻有为的青年绅士!"作为大标题刊登的文章吸引着大批读者。

事情真相大白之后,华盛顿不但没有受到任何处罚,反而在州议会间获得了"华盛顿真了不起,能够以寡敌众,应付一切逆境"这样的好评,人们对他表示由衷地敬佩。同时,为了国境的安全,州议会决定支出2万英镑,英国政府也决定支出1万英镑作为军费。这对于当时殖民地国家而言,算是破天荒的待遇了。

这样,华盛顿胸中的郁闷总算得以化解了。可是,在这同时,

※北美洲殖民地的民兵

丁威迪州长却铸下一桩不可收拾的大错,即把边境一带的弗吉尼亚民军,改编为十个各自独立的连队。

对于军事事务仅仅一知半解的文官,竟然毫不考虑地做出这样的决定。如此一来,所有民军的军官便无法再晋升高于"上尉"的官职,而且,还必须直接隶属于正规军将校的指挥之下。

同时,华盛顿也由于一时人为的疏忽,使原本享有"勇敢中校"的美誉,突然之间被降为"上尉"军衔。

肩章上的星数减少,虽然并没有造成太大的影响,可是,对于军人而言,军衔象征个人的荣誉,而荣誉又是每个人生命的全部。

况且,对自尊心比别人更强烈的华盛顿来说,只要稍稍关系着他的名誉或威严的事,他总是耿耿于怀,并铭刻在心。

"这种做法是不公平的!"他愤懑不已地高声抗议,"对于全体弗吉尼亚人都是一种侮辱,为什么民军的军官总要处于英国任命的将校之下呢?"说着说着,他的语气更显得慷慨激昂。于是,便毅然向上级呈递辞职书,脱离军政界返回了故里。

回到巴隆山庄之后,他并没有因此过上安逸的乡居生活,边境地区的局势正日趋险恶,愁云惨雾笼

罩着家乡周围。

"恐怕激烈的战争就要爆发了。"华盛顿似乎已经预测到了欧洲及北美洲未来的局势。

事实上,1755年初,法国已经展开了侵略俄亥俄州的野心计划,并增派十八艘军舰以及六支连队悄悄地由加拿大登陆。

当英国政府获悉此一令人震惊的消息时,立即派出强大的舰队迎敌,同时紧急输送两个连队的正规军朝弗吉尼亚方向行进。

不仅弗吉尼亚州本身的兵力,就连大西洋彼岸的英国主力大军,也纷纷为了讨伐法军而出发。因此,英、法两国大军在俄亥俄州荒野一决胜负的日子就要来临了!

事态紧迫,国家的命运正在这危急存亡之间挣扎着。一向热衷于国事的华盛顿,虽然早已向弗吉尼亚州政府递上辞呈,并且远离一切军务,可是,在这样动荡不安的局势之下,却无法袖手旁观置之不理。

在夜色苍茫中,华盛顿跃上马背朝向贝鲁波亚的费尔费斯宅邸赶去。

这时候,莎丽夫人尚未就寝。

"莎丽夫人,你可知道布拉洛库即将率军攻击英国殖民地的事吗?"

"我已经知道了,英军方面已决定全力防御法军的侵略,你是不是很高兴呀?"夫人笑着这样说。

"谈不上什么高兴不高兴,本国政府竟然到这个节骨眼儿才发觉国境的危机日益逼近,实在是令人遗憾!"

"我相信将军一定会再把你召回军中服务的,因为再没有比你对边境形势更了解的人了,英军很需要你,国家也更需要你。"

华盛顿有些受宠若惊,他羞红着脸,笑着说:"英军到底需不需要我,我并不清楚,但至少丁威迪州长是最了解我的人。将本国主力军调派到美洲大陆驻防,就是他个人努力的结果,这点我很敬佩他。"

这时候,莎丽夫人站起身来说:"其实,我也很敬佩你的特殊才华,请把过去所有的误解一笔勾销吧!从现在开始就和正规军同心协力攻克难关,这将是你生命旅程中的转折点。"

寂静的夜晚,华盛顿和莎丽夫人的交谈融洽而投机,在这下霜的日子里,殖民地的钟声敲响了,越过山野,传遍河谷……

"别忘了,这亲切的殖民钟声象征着我声声的叮咛,也就是告诉你新的一年已经来临,一年之计在于春啊!"

美国之父——华盛顿

琉肯要塞争夺战

站在巴隆山庄的阳台上向外眺望，只见挂满了英国国旗的军舰和运输船，正缓缓地航行于波多马克河流域间，甲板上堆满了各类武器，这就是布拉达克将军所率领的两连队本国主力军，他们正准备从亚历山大登陆。

前些日子，布拉达克将军曾经到美洲大陆来勘察地形，他眼见战区即将设防于荒山野地，于是极力推荐熟悉边境形势的华盛顿为参谋长。

华盛顿虽已辞去弗吉尼亚民军司令职务，但这一次特地聘请他担任参谋长，却是一项不容抗拒的军事命令。

每天的清晨时分直到半夜三更，华盛顿和布拉达克将军总是不辞辛劳地骑马四处巡视，为了督导拓荒工程、为了清点军费支出……里里外外张罗，忙个不停。

数周之后，华盛顿到夫利列力库镇的英军军营报到，立即换上了笔挺的正规军服。

当时，布拉达克将军曾经邀请居住在费城的本杰明·富兰克林先生前来游访，华盛顿

※美国独立战争时的军服

※正在修改《独立宣言》的富兰克林

也因此与富兰克林结识为友。

　　来访期间，恰巧遇上飓风的侵袭，而喜好创新和新鲜玩意儿的富兰克林先生，不畏强风和骤雨正在独自一人惬意地放着风筝，由于淋湿的丝线接触到电流，使他发现天上的闪光可以发出电力。这位富兰克林先生就是当年华盛顿被蒙上"谋杀者"罪嫌疑时，首先在报章杂志上公开为他澄清的辩护人。

　　在一次隆重的招待会上，布拉达克将军正两眼炯炯发光注视着云集的贵宾，其中包括马萨诸塞州、纽约州、马里兰州、宾夕法尼亚州、弗吉尼亚州等的行政长官和议会的要员，华盛顿一一向他们说明作战的计划和策略。

　　"首先把军队分为三支，夏雷行政长官所率领的支队，由尼加拉瀑布进攻，主要目的在于截断敌军与西方要塞的通路。裘桑上校所指挥的支队，全力攻击法军占领了二十四年之久的昆布兰高原。我则亲自率兵突袭西方的荒野，借机攻克琉肯要塞。大致的计划就是如此。"

　　富兰克林在一旁倾听，然后开口说："这样缜密的计划的确不错，但是，还必须提防印第安人埋伏的部队，他们是奔驰于山野和森林的原始人，在你们所率领的军队运送武器弹药时，千万不能利用小路前进，若是遭遇埋伏部队的攻击，岂不像断了线的纸风筝，前后不继吗？"

　　华盛顿虚心地接受了富兰克林的建议，他认为这是战略上一项重要的启示。

　　记得从前背驮九发炮和粮食翻山越岭时，那种艰辛真是难以形容，如今，率领这支重装备的大部队应该如何安排行进呢？还是改道宾夕法尼亚较为妥当些。因为从宾州前往西部地方的道路早已开通，沿途谷物和牲畜都很充足，军需供应就不用操心了。

　　华盛顿根据亲身累积的经验，屡次向上级建议，可是，将军却丝

美国之父——华盛顿

毫不予采纳。

"不!你对于军队行军的要领完全不了解,那些粗暴的野蛮人,对于美洲民军来说的确会构成威胁,但是,如果遇着我们这样训练有素的正规军,我相信他们是不足为患的。"布拉达克将军狂妄自大地说。

他虽是一位身经百战的沙场老将,然而却由于过分地自信,始终不愿接受别人的忠告和进言,这种固执的个性就是他战事失利的最大原因。

"我相信琉肯要塞绝对不能再维持四个月之久,然后,我再将阵线转往尼加拉瀑布,所到之处攻无不克……"布拉达克将军以骄狂的语气说着。

不久,军队就开始浩浩荡荡地出发了。当时,身着红色军装的英军,个个显得神采奕奕,而佩戴刀剑的将军们那雄赳赳气昂昂的英姿,气宇轩昂,好不令人羡慕!

各自分路进军之后,当布拉达克将军带领部队行进到维鲁士湾时,他突然发觉选择此条路线是绝对的错误。

翻山越岭的行军,诚如华盛顿所说——艰苦而难行。尤其是一阵暴雨过后,山路更是泥泞崎岖,负载极重的马车若要沿山路而行,谈何容易!

马车队不是落于行列之后,便是显得凌乱不堪。为了防备队伍与马车脱节,只得将队伍分散开来,一面继续行进,一面垫后管理车队。

"这种前后不继的现象,万一印第安人埋伏部队从中袭击该怎么办?"华盛顿想着想着不禁后怕起来。

"华盛顿中校,你真是足智多谋,一切情况完全在你预料之中。"

尽管顽固而自傲的布拉达克将军此时担任蛮荒地区的作战指挥官,似乎也察觉出这样的战况与欧洲平原战役乃是截然不同的两回事。

华盛顿考虑了很久,又向将军建议应该把车队留置在后,只派若干名士兵看守,其余则以轻便但是重要的战斗装备朝向目的地进军。这一次,将军接受了华盛顿的进言,点头允诺。

就在这紧要关头,华盛顿却感染了严重的热病,热病最明显的症状就是头部剧痛。

"哎!再这样拖延下去是不行的,说不定会有危险,你还是安心静养,别再忧劳军政大事了。"布拉达克将军摸着华盛顿那烫手的额头说。

"可是,阁下……"

"不!别再多说什么,我的话就是命令。"

既然是"命令",华盛顿也就不好再强求,不过,他还是紧抓着将军的衣袖,眼光注视着欧姆参谋官说:"我希望以将军的人格保证,当军队准备攻击要塞时,请务必事前通知我一声,可以吗?"

欧姆参谋官在一旁连连点头表示同意。

"我如果不能参与要塞攻击任务,倒不如死了还痛快些……"

1757年7月8日,英军主力部队终于行进到距离琉肯要塞大约16千米的地方。

"总攻击任务明天就要开始了,今天准备让大伙儿举杯预祝明日的胜利,你来得正巧。"

※美国独立战争时期的英军

翌日破晓之前,英军精神焕发地向着目标前进。华盛顿虽然身体尚未复原,仍然勇敢地抱病上战场,加入到英军的参谋行列。

"阁下,如果预测的不错,敌军就屯驻在离这不远处。咱们先派遣前锋部队进行侦察如何?"熟悉荒野作战的华盛顿向将军进行建议。然而,将军对此却置之不理,任凭军队在空旷的原野上行进。

大约午后两点钟左右,前方突然传来一阵激烈的枪炮声。

"前进!"布拉达克将军下达了进攻的命令。

既然不采纳他的建议,华盛顿心想自己所预期的灾祸恐怕就要来临了。

轰隆隆的炮声继续不断,从中可以感觉到前锋部队已受到意外的攻击。

"是法军和印第安的埋伏部队。"

情况已经如此紧急,凯兹中校仍然镇静地命令部队采取战斗行列。士兵们很是犹豫,彷徨失措地调整着凌乱不堪的队伍。

敌方埋伏部队不见踪影,正分布于隐秘的山崖树丛之间。想要判断他们埋伏的位置,只能够从他们魔鬼般地嘶喊以及枪弹发射后的缕缕白烟中得知。

美国之父——华盛顿

双方逼近之后,枪战更是激烈,很多将校及士兵均已负伤,凯兹中校也已中弹。

"如果能够明确掌握敌军藏身的位置,当然可以加以歼灭。可是这种不明目标的射击,岂不是在浪费弹药吗?"负伤的士兵一个个咬牙切齿地抱怨着。

怨言大都出自主力军口中,至于历经边境荒野战役的弗吉尼亚民军,则灵活而敏捷地分散在树荫和草丛之间,以便确实掌握埋伏部队的战场要点,这样稍稍遏制了敌方的攻击。

"阁下,这便是蛮荒地区主要的作战策略,正规军也应该采取这种行动,方可战胜对方。"

尽管华盛顿如此中肯地建议,无奈将军仍固执己见,兵士们只好遵守他所惯用的"欧洲战术",按照他的命令而不破坏阵势。将军认为,命令部下挺身于旷野间应战,便是一项"马到成功"的策略。其实不然,当他布下如此军阵时,士兵们却一个个都成为伏兵射击的靶子。

再英勇的兵士也不甘心做这种无谓的牺牲。他们本能地躲藏在树林和草丛间,然而,将军却大声斥责他们是胆小鬼,并拔出剑套敲打士兵的脑袋。

此时,英军的阵势已呈混乱状态,长官的指示犹如耳边风,士兵个个惊慌失措、自乱阵脚,除了无法瞄准目标之外,有些甚至被自己人的子弹射伤或击毙。

森林里蛮族的嘶喊声在回响,经常有满脸画着奇怪图案、头上插有动物羽毛的印第安人出没其间。

"阁下,干脆咱们派遣弗吉尼亚狩猎队来攻击敌方藏匿在森林中的埋伏部队吧?"华盛顿压抑不住激动的情绪,又再度向将军建议可行的方略,这次将军终于接受了。

可是,当狩猎队上场时,却被主力军误认为是敌军,结果很多人死于自己人的枪弹之下。

然而,唯一处变不惊、冷静沉着的人就是华盛顿。他的耐力真是令人称奇。当时,欧姆和莫里斯两位参谋官分别身负重伤,全部的军事责任完全落在华盛顿一个人身上。

他自从背负起战事的重担之后,每天忙里忙外,东奔西跑,骑着马通知部将,再骑着马报告上级,还差点中了敌军暗算的子弹,所幸只是疲于奔命的战马被击毙。

虽然战况这般紧急,布拉达克将军依然伫立于旷野中,为了想挽回败局而拼命地高声喊叫:"不要跑!不要跑!赶快回头吧!敌军就在那边!"

突然间,一颗敌军的子弹穿过将军的右臂射入到他的肺部。身经百战的老将军,从战马上跌了下来,血流不止,史鸠瓦尔上尉见状立即将他抱起。身负重伤的布拉达克将军很快被护送到弹药车上,迅速运往后方。

自从激烈的战斗场面展开之后,英军似乎还不曾遇着这样惨败的景象。

敌方拥有九百兵力,其中大约六百以上是印第安人,其余的少数部分则为加拿大人和法国兵士。仅以这样的兵力,竟然能够把一千三百名英军打得抱头鼠窜。

英军方面眼见局势恶劣,纷纷舍弃了枪弹、大炮及军需品等,由马厩里拉出马匹奔窜逃亡,将校们也大都中弹殉职,再没有指挥大局的统帅了。

英军所拥有的86位将校之中,死的死,伤的伤,一千三百名精锐兵士,最后仅剩下了五百名。

布拉达克将军正在接受治疗,原本骄傲自大的他,如今说话的语气变得非常低沉。

由于这次惨痛的经验,使他表现得与从前判若两人。他气喘喘地对华盛顿说:"华盛顿中校,还是你说得对,我很感激你代我率军应战。"他缓缓地伸出无力的双手,紧握着华盛顿不放,似乎欲言又止。

就这样一面斥责英国正规军的不中用,一面赞扬弗吉尼亚民兵的勇敢,没过多久,这位叱咤风云的沙场老将就魂归西天了。

※美国独立战争

美国之父——华盛顿

临危受命

盛夏的一天。

一位骑马的传令兵正由卡玛兰特要塞赶往费城。当地政界和财经界的名流士绅等齐聚在州长官邸，为的是要听取布拉达克将军作战的消息。

他们对于华盛顿的英勇精神赞佩不已："真是一个勇敢的年轻人，一个足以信赖和寄托的年轻人。他可以担负起重大责任，或许他身上流淌着贵族的血液。"

布拉达克将军败北之后，严重影响了美洲殖民地人民的心理状态。整个士气都受到了影响，连后方支援部队也纷纷将大炮捣毁、车辆破坏、食粮及火药投入河中，然后争先恐后地逃窜无踪。

按理说，指挥后方军阵的拉布玛上校应该留在卡玛兰特要塞继续集中兵力来反击对方。事实上，人们一看情况紧急，每个人都舍弃要塞不顾，逃的

※北美战士携带的用来装火药的牛角

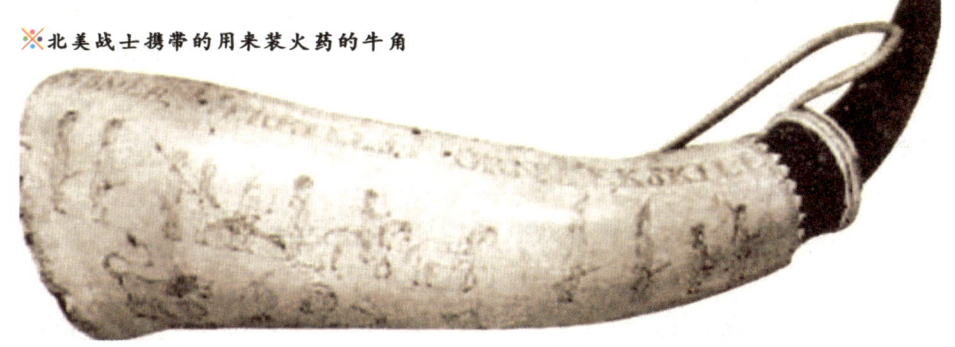

逃、跑的跑，一溜烟地冲向菲拉列鲁菲亚，就连拉布玛上校也无心恋战了。

另一方面，朝尼加拉瀑布进攻的夏雷行政长官率领的支队，也未等建立战功就开始打退堂鼓。至于裴桑上校所率领的支队，曾经好不容易在华盛顿湖畔攻破敌军阵地，但是，最重要的昆布兰高原之战却又出师不利，既定的国境守卫计划终于全盘失败。

历经一番苦战，浅尝胜利滋味的法军迅速蜂拥至俄亥俄地区。又由于英军的撤退，印第安土著更是肆无忌惮，所到之处将财物掠夺一空。

究竟有谁愿意挺身来守卫这危机四伏的边境地带呢？大家考虑这个问题的同时，所有的眼光都投注在华盛顿身上。因为，大伙对他那英勇的精神一直敬佩不已。可是，战场上的疲惫使得他的热病再度复发，他的脸色也苍白了许多。

"虽然军队马上又要出发到蛮荒地带，但我认为这也无济于事。况且，你的身体状况欠佳，暂时不要再为国家大事操劳了，好好保养，等健康恢复了再说。"

莎丽夫人虽然对华盛顿寄以很大的希望，但是，华盛顿的身体健康状况却令她日夜牵挂。

"可是，夫人，你不知道呀！目前山脉附近的殖民地已经陷入困境，就连费尔费斯公爵的周围也已受到威胁，这样严重的国境危急状况我怎么能置之不顾呢？"

华盛顿行事果敢，计划以几百人的兵力防卫大约五百六十千米长的边境线。这在一般人看来几乎是不可能的事。

8月14日，弗吉尼亚州议会将华盛顿提升为上校，并且决定任命他为弗吉尼亚民军的总司令官，凡是华盛顿所提出的建议，都一一被采纳。

为什么年纪轻轻的华盛顿，能够拥有这样的人气呢？关于这点，绝不是由于他曾经有过辉煌的战功，相反地，他从没有战胜的纪录。他之所以深获人心，反而是由于他战败的结果，这真是令人不可思议！

由于华盛顿不断地接受战役的考验，他始终以坚忍不拔的精神和英勇果敢的行动突破一切困境。这大大证明了华盛顿的耐力高人一等，他那种不屈不挠的精神令人钦佩！

这段时间，边境地区的混乱情势越来越严重。

"分分秒秒都必须珍惜，现在就得出发！"于是，华盛顿就率领着仅仅四百名的兵力，悲壮地朝着

美国之父——华盛顿

"死亡战场"前进。

到达边境地区后,他发现当地的居民惶惶不安。围绕在华盛顿身旁的女人们无助地哭泣着,高举双手拼命向华盛顿求救的男人们恳切地哀求着……

"既然我已经来到此地,你们就别再担忧。我将尽力保护你们的生命财产。即使不幸捐躯也在所不惜,请你们放心。"

华盛顿虽然如此鼓励着当地的居民,但是,距离募集新兵的组织正式成立还需要一段相当长的时间。何况,募来的新兵还需要新的装备、完整的武器以及严格的训练等。

处于这样的非常时期,唯独费尔费斯公爵仍秉持坚韧不拔的至高情操。

费尔费斯公爵的宅邸修建于希兰特溪谷间,是标准的森林地带,对于善用埋伏战术的印第安土著而言,这是个最佳的攻击目标。

"危机迫在眼前,请赶快搬到城镇去吧!"部将们劝着公爵,可是他却坚决要留下来。

"我已经年迈体衰,无论是被印第安人的斧头劈死,还是因病去世,都是生死有命,听凭神的安排。你们都还年轻,想做些什么事,就不要犹豫不决。如果我离开此地,想到这一大片辛勤开拓的田园将再变为蛮荒地带,我将于心难安。"

费尔费斯公爵把当地的佃农、猎人、樵夫等齐集一起组成自卫队,屯驻在那片广阔的土地上。

身处这样危险的空气中,司令官华盛顿更坚定地要成立"国境防护军"。但是,州议会却蓄意拖延经费的拨付,就连付出的薪金和粮食也经常中断,而且往往是朝令夕改,没有原则。

华盛顿身为上校,却远比英国正规军上尉的地位低。尤其是中队长甚至不认为他是自己的上司,而且,正规军的将校也以轻蔑的态度对待当地百姓。

这种不平等的待遇并没有使华盛顿沮丧退缩,他终于组成了一只将近一千九百人的弗吉尼亚部队,而且,还有七百名印第安人加入。

和富孀缔结良缘

5月，是一个格外绚烂的季节，但是任何地方的风景都不及弗吉尼亚州绮丽。

山野、树林、田原都笼罩着一片新绿，五颜六色的花朵争奇斗艳地绽开着。

5月里的弗吉尼亚州乡间小路上，华盛顿带着一位侍从乘坐马车，正准备前往威廉·史帕克与丁威迪州长的接替人佛盖亚先生磋商军政要务。

途中，巧遇一位名叫张伯伦的绅士。

"华盛顿上校，请你到寒舍吃个便饭，务请赏光啊！"

既然是热诚地邀请，若是加以拒绝，对于当时的社会而言，是一种很不礼貌的行为。所以，华盛顿便如约前往了。

当天晚上，前来张伯伦家的宾客之中，有一位名叫玛莎·卡斯蒂斯的年轻寡妇，艳光四射，风度脱俗。自从丈夫卡斯济士先生去世之后，她便领着两个幼子为夫守寡。

"这位是我的好友华盛顿先生，你认识吗？"张伯伦先生为双方简单介绍。

玛莎微微一笑，频频点头。这位守卫美洲边境的著名司令官华盛顿先生，他那响亮的名字在弗吉尼亚州早已家喻户晓了。

当华盛顿的目光与玛莎相接时，就觉得有种

美国之父——华盛顿

※乔治·华盛顿的妻子,美国第一夫人

莫名的吸引力,几乎使他无心再浏览其他的景物。窗外,侍从毕修普把玩着马鞭在等待着。毕修普可以说是华盛顿的心腹侍卫,他们曾经在布拉达克将军率领的战役中同甘苦共患难,是一对死里逃生的老战友。他等了许久仍不见主人华盛顿的踪影,在问明原因之后就只好准备在张伯伦宅邸留宿一晚了。

吃完晚餐,华盛顿和玛莎天南地北地聊得正起劲,忽然有一位黑人女佣推门进来,左手抱着可爱的婴儿,右手则牵着活泼的小女孩。

"哇!来!来!华盛顿上校,这就是我的两个宝贝。"

生性喜爱孩子的华盛顿,很快就和名叫芭蒂的小女孩以及名叫杰克的男婴成为好友。他把杰克抱在膝盖上逗乐,两个可爱的孩子也好奇地玩弄着华盛顿军服上亮晶晶的纽扣以及威武的军刀。

"叔叔,你要用这把军刀杀死印第安人吗?"

"不!叔叔不会做这样残忍的事,不过,你看……"

说着,华盛顿就将剑鞘上的弹痕展现在芭蒂眼前。

"这就是枪弹的痕迹!"华盛顿一面笑着说,一面又凝视着玛莎的神采。心里暗自想着:这样的年轻寡妇和孤苦幼儿,的确需要一位身强体健的保护者。

第二天,当他到达威廉·史帕克时,在行政长官官邸门前遇到了朋友尼可拉斯。

"瞧你还是专心致力于军事要务,为何不拿出些精力来充实你的感情生活呢?"尼可拉斯打趣地说着。

华盛顿略感惊异地说:"我也正有此打算。我到这里来的途中曾去拜访张伯伦,在他家遇到一位年轻貌美的女士。目前她迫切需要精神的慰藉及实质的帮助,就像我迫切追求爱情和家庭一样。"

"好极了,她的芳名呢?"

"玛莎·卡斯蒂斯。"

"哦,是她呀。她是这儿最为富有的年轻寡妇,性情温柔,很重感情,而且气质高雅,风姿绰约,可算得上是著名的美女呢。"

尼可拉斯也为了朋友的艳遇感到兴奋不已。

"我可要提醒你哦!想追求玛莎小姐可不能丝毫怠慢,向她求婚的人几乎排成长龙,可千万不能让别人捷足先登啊!"

华盛顿频频点头微笑。于是,他接受了友人的劝告,待下次见面的机会立即向玛莎展开了追求攻势。

不久,华盛顿终于如愿以偿。玛莎小姐接受了他的求婚。他们的婚礼举办得盛大而隆重!

在此期间,英、法两军的战役正积极地展开。

※华盛顿亲自设计的十六边形麦仓

美国之父——华盛顿

领导英军获得战争胜利

1758年，威廉·彼得就任英国首相。自从彼得就任之后，立刻着手美洲军政的改革。他是一个有见地的大政治家，不但让美洲殖民军和英国正规军享受相同的待遇，并且完全由政府供给武器、弹药、帐篷、粮食等。至于政府任命的驻军将校，也赋予和正规军将校同等的指挥权，从此，殖民军的士气大为振奋。

彼得首相改革美洲军政的目的，是为了雪洗以往的战败耻辱。他将远征军分成三路，展开庞大的攻势，向琉肯要塞出发。

华盛顿获悉这个消息后，兴奋不已——令人振奋的琉肯要塞总攻击战役终于开始了！

冬天的脚步近了，前往琉肯要塞的路程是八十千米的森林狭道，如果遇上雨雪纷飞的日子，军队的行进可就困难重重了。因此，华盛顿便主张加快行军的步伐。

在一个下着小雨的午后，华盛顿和两位将校正站在帐篷前商谈对策时，有一列拿着铁锹、举着锄头和枪支的队伍走了过来，他们就是华盛顿所指派的"先锋修路队"。当他们经过司令官的面前时，一一举手敬礼高声欢呼。

"哎！真可怜！我竟然连一双鞋子都没有能力供给他们。"华盛顿感叹着说。

※英国首相威廉·彼得

"可是，司令官，你不是已经供给他们每个人一套笔挺的军服了吗?他们还经常以这套新军服为荣哩!"副官马沙安慰着华盛顿。

其实，军服问题早已向州议会申请，但是却始终无法获得回复。在不得已的情况下，只好向印第安人租借镶有红边的布料加工缝制而成。这种临时的军服既保暖又耐穿，虽然稍有褪色，反而有助于森林中的行进，不易为敌军所发现。

很快，他们就要逼近琉肯要塞了。可是，不知何故敌军却一点儿反应都没有，平常这座声势浩大的要塞，如今却显得格外静谧安详。

"报告司令官!要塞附近一带连一个人影儿也没有。"

"那么，卫兵呢?"

"连卫兵也不见了!不过，奇怪的是沿着要塞四周外墙经常有幽灵出现!"

华盛顿听后不禁哑然失笑:"你这傻瓜!这是人类世界，怎么可能有幽灵的存在?是不是你们花了眼?"

华盛顿尽管表面上否定了部下的报告，心里却暗自怀疑为何每每在古堡的遗迹中，总会有"亡魂"及"幽灵"的传闻呢?尤其是敌军的要塞，这更让他纳闷不已。

"好吧!我亲自出马去看看。"

华盛顿率领着少数的士兵，悄悄地逼近要塞。赫然发觉每隔五分钟、十分钟，就有一个奇怪的身影走出要塞。

有一位穿着希腊服饰、身材魁梧的女人从要塞走了出来。当华盛顿揉了揉眼睛，准备看个究竟时，那位壮硕的女人早已消失得无影无踪。

接着，又有一位衣衫褴褛的乞丐走了出来，瞬间也不知了去向。

第三次出现的又是一个装束奇异的女人，于是，华盛顿偷偷紧跟在后。当他猛然抓住那位行动鬼祟的"女人"时，惊讶地发现，这根本不是什么幽灵和亡魂，其实都是男人乔装的。华盛顿立刻拔出军刀架在那个"女人"的脖子上，逼着他赶快招供，否则就一刀解决他的性命。

原来法军设于安大略湖畔的要塞已被攻克，同时与后路支援军的联络也被切断，兵力所剩无几，食粮也即将告罄。所以士兵们就想出了化装潜逃这个办法。

"哦，我明白了!咱们一鼓作气地攻进要塞吧!"

华盛顿折返阵地，立即下达了这样的命令。

宁静的夜空马上变得喧嚣嘈杂，英军一面欣然欢呼，一面拥进

美国之父——华盛顿

要塞。可是，要塞中连一个敌军也没有，刀剑和枪支散落满地。

华盛顿随即爬上要塞屋顶，高高举起英国国旗，然后将要塞更名为当时首相的名字——威廉·彼得要塞。

自从琼肯要塞攻陷之后，持续了七年之久的英法战争终告结束，当然，保卫俄亥俄州的华盛顿此时总算是完成了一桩心愿。华盛顿想要脱离军旅生涯的心愿终于达成了，他毅然地脱下气概非凡的军服。

巴隆山庄还有一段新生活等待

知识链接

英法七年战争

1756年，奥地利为夺回在奥地利王位继承战争中被普鲁士夺占的西里西亚，准备发动对普战争，便与法国结盟。俄国、萨克森、瑞典和西班牙先后参加，结成交战国的一方。英国为与法国争夺殖民地，需要普鲁士在欧洲牵制法国，遂率英王领地汉诺威选帝侯国，同普鲁士结盟，结成交战国的另一方。在欧洲，普鲁士在英国的援助下，派遣七万大军，于1756年8月进攻萨克森，战败奥军，迫使萨克森投降。次年5月，俄军攻入东普鲁士，普军战败。1757年11月普军在罗斯巴赫打败法奥联军，继之在洛伊滕再败奥军，奥军损失2万人。1759年，俄奥联军在库纳斯多夫重创普军，普军损失惨重，投入的四万八千人，最后只剩下三千人。同年英军突袭法国基伯龙湾，消灭大批法军。1760年10月，俄奥联军占领柏林。1762年初俄国彼得三世即位，同年5月与普媾和，退出反普联盟，战局改变。最后，普军击退法奥联军，取得胜利。1763年2月15日，普鲁士、奥地利和萨克森签订《胡贝图斯堡条约》，欧洲战事结束。

与此同时，英法在美洲、印度等地继续争夺殖民地。在美洲，1759年英军占领魁北克。1760年，法军占领蒙特利尔，完全征服加拿大。在印度，1757年在普拉西战役中，英军打败亲法的孟加拉的那瓦布。至1761年，英国完全取代法国，处于绝对优势。法国只保留几个贸易据点。在西非，英军占领塞内加尔的戈雷岛。在西印度群岛，英军击溃法西联军，占领马提尼克、格林纳达和圣卢西亚诸岛。法国被迫媾和，1763年2月10日，英法签订《巴黎条约》，欧洲以外战事结束。

华盛顿的归来。自从和玛莎结婚以来，正式的家庭生活似乎尚未建立起来。同时，对于当选州议员的华盛顿而言，新的政治生涯已经开始。

这时候的华盛顿才二十六岁。

※ 安大略湖

争取自由独立之战

当选议会代表

波士顿、纽约、菲拉列鲁菲亚等地，大部分的商人为了反对新税法的实施，共同决定拒绝输入所有的英国商品；他们除了积极排斥以外，还以罢市来表明决心。

就在这时候，英国政府增派大批军队前往波士顿，不仅将集会一一取缔，还全力逮捕领导者并送回本国接受审判，就像对待"叛国者"或"罪犯"一般严刑拷打。一向最具克制力的华盛顿，这个时

※现在的波士顿

◇图说名人◇

名人名言

先例是危险的东西，因此，政府之缰绳得由一只坚定的手执掌，而对宪法的每一次违背都必须遭到谴责，如果宪法存在什么缺陷，那就加以修正，但不能加以践踏！

——华盛顿

候也实在忍无可忍了，他已经不能再保持缄默了。当然，他的做法和帕多利库·亨利以及里加洛·李等激进派人士不同。

以人民代表所组成的议会作为政治桥梁，彼此为了争自由、争人权而相互沟通是英国特有的传统。关于这一点，无论本国还是殖民地应该是没有什么差别的。华盛顿认为这种"权利"一定要得到彻底的遵守，不得有丝毫马虎。

华盛顿曾经写了封信给麦桑说："英国贵族的领袖们，无论如何绝对不能剥夺美洲殖民地的自由。对于他们的侵略，我们应该给予强烈的反击。目前，为了保护我们祖先所承继下来的自由，该采取如何的应变措施是一项令人困扰的问题……怎么样才能够达到有效的目的，便是当务之急……为了保护上天所赐予我们的自由，任何人都不应该再踌躇，应尽快对敌人予以迎头痛击……不过，采取武力反抗乃是最后的选择，我们应该谨慎行事……"

当时，弗吉尼亚州长由于忧劳成疾而病逝，继任者是位名叫波多兹特的英国贵族。这位新任州长是一位典型的官僚，他为了显示英国政府的权威，乘坐六匹马的豪华马车，趾高气扬地驾临当地，胸前佩戴着闪亮的勋章。除了马车四周的护卫外，还有仪仗队作为前导，浩浩荡荡来到议会现场。

这样的摆威风，当然会引起在场议员们的反感。当州长走了以后，议会立即做出决议：有关征收关税的本国会议决议案，一律予以撤销。至于征收人民税金的权限，除非获得殖民地议会的同意，否则其他法令完全无效，不得实施。

这样的决议立刻获得全体议员的一致通过。波多兹特州长接获此消息后大为震怒，马上把议员们召集到官邸，大声斥责道："我已经看过你们的决议案，内容荒谬而不合理。我要免除你们的职位，立刻解散议会。"

很明显，州长和州议会已经起了正面的冲突。议员们也不甘示

※巴隆山庄附近的河流

美国之父——华盛顿

弱地表示，如果因此遭到免职，他们就把整个讲坛迁移到"拉列史馆"，继续进行会议。

华盛顿和麦桑也表示了一致的看法，而且还向议会提出政策性的建议：凡是殖民地人民，绝不贩卖、输入或使用英国货品。当这一项议案提出时，议员们纷纷表示赞同。

现在，已经不再有政治上的纠纷，保守派和激进派也不再有分歧意见，因此深获人心的华盛顿理所当然地被推选为议会代表。

华盛顿宣读的各项决议案总是马上就能获得全数通过，再经由具有演说天才的瑞法逊在台上加以剖析解释，议员们个个主动地联名签署，同时又复制了很多份，分发到各阶层展开签名运动。于是，每一项决议案都能顺利通过。

不久，华盛顿为了土地的调查工作，特地前往俄亥俄州。

这一次的俄亥俄之行，并不是为了办理私事，而是为了和法军作战的将校及军队争取应得的利益与装备。原来，俄亥俄州有关当局计划分配给他们八万公顷的土地作为训练兵士之用，但是这项计划却迟迟未予施行。华盛顿整整花费了两个月的时间，踏遍全俄亥俄州的蛮荒地带，为的就是要确保"军人的权利"，争取自己同胞应该享有的自由。

议　会

议会，又称国会，起源于英国，是从封建性质的等级会议演变而来的。议会是一个主权地区的立法机关，其成员由属该地区的代表组成。这些代表可以是直接或间接选举出来的，也可以是委任的。一般议会除有立法的权力外还有签署外交条约、宣战或批准和谈、选举或解散政府、批准政府预算等权力。在一些国家里议会还有选举国家元首的权力。但也有一些议会的权力比较少，比如欧洲议会在其初期基本上没有任何权力，议员的任期一般上院任期长于下院。

波士顿倾茶事件

就在华盛顿回程途中,他接到一个震撼人心的消息——英军正展开"波士顿大屠杀"。

事情是这样发生的:3月5日,税捐处门前的两名卫兵受到若干年轻民众的侮辱,于是英国正规军大力支援,普列斯敦上尉亲自率领八位士兵前来守卫税捐处。

"哼!穿红衣服的小子,打不过我们是吗?简直像个傀儡,胆小懦弱的东西!"围观的人一面指指点点地谩骂,一面向他们扔石头。

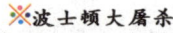
※波士顿大屠杀

就在这秩序最为混乱的时候,一个无赖汉竟想抢夺守卫的枪支,士兵为了自卫不得不开枪射击。不料因此引起市民的骚动,这时候士兵们就举枪向着人群猛烈地射击,结果酿成4人死亡、多人重伤的惨剧。

可是,为什么会被说成"波士顿大屠杀"呢?那是源于版画家波尔·列米亚就当时的情景描绘出的一幅画。

"什么?正规军竟然把人民视同野狗任意枪杀?既然

美国之父——华盛顿

如此，我就在画面上附加几只被枪杀的野狗，再把他们射击时的丑陋模样刻画出来……对了，应该使用彩色颜料才能够生动感人，尤其要大量利用红色，以表示正规军的军服以及人民和小狗死于枪弹下的鲜血……"

这便是波尔·列米亚作画的动机。于是，他就夸大地描绘出阵容庞大的军队用枪支扫射波士顿市民的情景，尤其是画中血淋淋的小狗最为扣人心弦。后来连仿造版也出奇地畅销。

这虽然是过于小题大做，但是还有另一个消息更让华盛顿感到惊讶。因为，新税法竟然在顷刻间宣告废止，这岂不大快人心？

"新税法废止？"

"是啊！只有茶叶仍须课税。"

英国政府鉴于美洲殖民地反

※英国早在200多年前就已有喝茶的习惯

抗不平等待遇的态度非常积极而强硬，不知如何是好，终于在3月间废止了新税法。但为了维持对殖民地课税的权利，将继续针对茶叶采取课税制度，借以维护象征性的权威。

"这有什么意义呢？问题的症结不在于金钱，而是权利与自由的争取。茶叶的课税法不也和其他税法同样令人憎恨吗？那么，废止与否有何差别！"华盛顿愤慨地抱怨着。

果不出华盛顿所料，从此以后美洲民众的反抗运动完全集中于茶叶税的征收，而且，炙热的气焰越来越猛烈汹涌。

由于美洲殖民地区采取了禁买茶叶运动，遭受重大打击的便是"英国东印度公司"。又因茶叶的滞销，使得英国船只无法卸货，经常原封不动地载回伦敦。滞销的茶叶由于存放过久，多半

※波士顿倾茶事件

会霉烂变质。

眼看情势已经演变到这步田地，英国政府当局不得不把这最后一项的苛税忍痛撤销。可是，一旦点燃了美洲殖民地人民愤怒的火花，想要予以镇压或扑灭那就很困难了。

1773年末，几艘满载着茶叶的东印度公司船只，企图违规驶进美洲港湾，遭遇一批伪装成印第安人的波士顿民众袭击，船上三百多箱茶叶全部被投入汪洋大海。英国政府获悉此消息后颇为震怒，立刻下令封锁波士顿港。这就表示，将要采取武力来对付市民了。

英国政府采取这样的措施，更让全美洲人民内心的怒火沸腾到顶点。

"英国正规军想以武力威胁，目的是要让殖民地的人民彻底屈服吗？殖民军为何不也来个迎头痛击呢？"一向保持稳重态度的华盛顿，如今已经是义愤填膺，愤懑不已了。

两军对峙的结果，波士顿港内的船只无货可载，城市里的交易暂时停顿。码头作业荒废，仓库门窗紧闭，波士顿市内到处一片沉寂。

※现在的波士顿港口

美国之父——华盛顿

第一届大陆会议召开

在这样的气氛之下，第一届大陆会议在费城召开，华盛顿被推选为代表弗吉尼亚州的七位大陆会议委员之一。

1774年9月7日，大陆会议正式举行。这次会议对美国来说意义是非常重大的，因为，这一天是全美13州代表首次齐聚一堂交流心得的日子。代表们也许过去彼此只是知道对方的姓名，这一次才是正式地晤面。

当天，又盛传着一个重大的消息："波士顿遭到英国军队的攻击了。"

这的确是个令人震惊的消息，不过，经过一番查证之后，才知道是一个谣传。但是，也正由于这个错误的传言，才促使各州代表们更为同心协力，携手合作。

虽说同为英国殖民地，但马萨诸塞州是以新兴的工商业发展为主，弗吉尼亚州则以农业的经营为主。彼此成立的背景各有不同，社会风气和民情观念也互有差别，当时北方"人民"时常嘲笑南方地主为"乡下绅士"；

※第一届大陆会议

南方殖民者则戏谑北方人为"城里的土包子"。他们经常这样互相嘲笑。

这一次，虽然好不容易聚集了十三州代表召开大陆会议，但却难免发生一些分歧的意见。因为一开始，南方人就很看不惯北方人嚣张的气焰和轻佻的作风。

"那些瞻前不顾后的波士顿家伙，正是因为他们任意发起暴动，才引发了这次屠杀事件。总而言之，将茶箱投入海中，确实是他们不对。"南方人具有这种成见者大有人在。

幸好，北方的领导人沙缪耶鲁和约翰·亚当斯都是相当杰出的政治家。他们知道如果不能取得南部人民的全力支持，对于英军的侵犯是绝对不能有效抵制的，所以，北方经常采取退让的态度。同时，在各种公众场合也是以南方的名流士绅为代表，自己则甘居下位，希望能以谦虚的美德来笼络南方的人心。

事实上，南方人民的代表中的确是有值得尊敬的人才，当初蔑视南方人为"乡下绅士"的人，眼见南方人高贵的气质、优雅的度量、高深的学识，也不得不心悦诚服。随着日子一天天地过去，弗吉尼亚州的代表才得以操纵大陆会议。

尤其最为显著的是华盛顿那种稳重又具威严的大将之风。

"诸位，如果想要追求广博的知识及健全的判断能力，席间这位华盛顿上校就是大家最好的榜样。"就连这位后起之秀帕多利库·亨利也频频向大家这样称赞华盛顿上校的才华。

的确，华盛顿就是具有这种令人折服的气概，而在礼貌周到的处事态度上，更具有善谋能断的决心，自然令人肃然起敬。

华盛顿不善雄辩，有关演说事宜经常委托帖多利库·亨利和里加洛·李这两位年轻的雄辩家。他自己却只有一次亲身的经验，虽然那

※华盛顿在演讲

美国之父——华盛顿

一次演说有点结结巴巴,但却诚恳又扣人心弦。

"自治与税金是牢不可分的。一般公民有推选代表进入议会的权利,当然也应该有向国家缴纳税金的义务。可是,英国政府始终不接受美洲殖民地代表的意见,甚至有蔑视其人格的态度。而且,对美洲殖民地的民众课以重税,英国本国人民则可以豁免,这是多么的不公平!有时候英国政府还企图以武力干涉来威胁我们,这实在是令人气愤!"

华盛顿尽力克制自己紧张的情绪,把现实问题一一向大家解说。这一番诚恳又毫不修饰的话,并不比雄辩家们逊色,反而更能震撼人心。他虽然说话断断续续,却能简单扼要地陈述遭受英国暴虐行为的实情。

"必要时,我愿意用我的财产来组织一千兵力的军队,以保卫波士顿城。"他如此地慷慨许诺,使得会议瞬间变得鸦雀无声。这位沉着的军事家最为担忧的就是"装备"问题。

会议中,激进派人士连连拍手叫好;而保守派人士则开始交头接耳,不知在交换些什么意见。华盛顿却完全不理会这些或好或坏的评论,继续说道:"我原本并不反对向政府当局请愿,假使有百分之百成功的把握,我是十分赞成请愿的。其实以前我也曾请愿过,但是,每一次请愿书均被驳回,我感到非常的遗憾!因此,为了贯彻我们的主张,不惜舍弃公式化的程序,最后只好以武力相抗了。"

经过51天的会期,大陆会议最后就在通过《权利宣言》决议之后宣告散会。宣言的内容虽然不是企图引发革命或叛逆行为,但是,为了要维护殖民地的自由与权利,一致认可连一步也不能退让,必须坚持到底。他们把这种主张随即向英国国王提出申请。

"对这一次大陆会议的举行,感想如何?"会期结束之后华盛顿返回巴隆山庄,好友麦桑问道。

他说:"最大的收获就是十三州的代表们,首次对于共同目标和共同敌人有了新的认识。当然,和英国妥协的希望并未完全消除,虽然我们倾全力加以劝导,还是难免有分歧的现象,这便是我的感想。"

麦桑听后颇为赞同:"诚如你的远见,英国正规军已经屯驻在波士顿,我们也应该缜密地策划一下了。"

知识链接

波士顿倾茶事件

※塞缪尔·亚当斯

1760年，英国在北美殖民地增加税收。1765年的《印花税法》和1767年的《唐森德条例》等法案导致美洲殖民地居民不满，因为他们认为既然他们在议会没有代表，就没有义务缴税。约翰·汉考克等领导抵制来自英国政府所经营的英属东印度公司的中国茶叶，同时走私茶叶以逃避关税，致使东印度公司的茶叶销量一落千丈。1773年，英国议会颁布《茶税法》，允许东印度公司直接销售到北美市场，所以可以把价格降到比走私的茶叶低，以帮助本国商人，并由英属东印度公司垄断茶叶贸易。1773年11月，有七艘英国大型商船前往殖民地，四艘开往波士顿，其他三艘分别前往纽约、查理斯顿和费城。然而纽约、查理斯顿和费城三地的茶商拒绝接货，这三艘商船不得不开回英国。12月16日，一批茶叶被那四艘商船运到波士顿港口，塞缪尔·亚当斯领导的一个由共三组、每组五十个当地人组成的组织——"自由之子"打扮成印第安人偷偷摸到船上，将船上货物捣毁，并将三百多箱茶叶倒入港口内，整个过程相当安静。

此举遭到政府当局方面的批评，英国政府下令关闭波士顿港口，将战船和军队驶入殖民地。本杰明·富兰克林认为被倾倒的茶叶应该被赔偿，表示愿意用自己的钱来赔。英国认为这是对殖民政府的挑衅，1774年英国政府通过一系列"强制法案"，旨在加强控制。这些法案虽然是针对马萨诸塞州，但被北美居民称作"不可容忍的法案"，后来费城等其他港口也陆续响应，终于导致1775年4月的美国独立战争。

领导美国独立战争

独立战争的第一枪

变幻的风云似乎越来越浓密而猛烈,自从弗吉尼亚州议会被州长勒令解散之后,议员们便同心协力将议会迁到圣·约翰教堂。这座教堂是一座四方形建筑物,塔顶有一口庄严的吊钟。这种肃穆的地方,正是举行会议的最佳场所。

主持会议的是帕多利库·亨利。

站在讲台上,亨利高声喊着:"为了保护殖民地的权益,我们应立即募集民兵武装训练。"又说:"哀号、呻吟、求援的时期已经过去,现在正是付诸行动的最好时机,我们必须奋战不懈。"

这时候,华盛顿交叉双手,伫立在一旁侧耳倾听。只见亨利这位狂热的演说家,一面拨弄着凌乱的头发,一面神情激昂地喊着:"虽然我无法了

※塞缪尔·亚当斯之墓

图说名人

名人名言

在经济和自然发展过程中存在着不朽的结合——美德与幸福不可分;责任与利益不可分;诚实高尚政策的真正准则与民众繁荣幸福的真实回报不可分。

——华盛顿

解别人的心理状态及应敌态度，但以我个人而言，只有六个字可以形容——'不自由，毋宁死！'"

刹那间，"不自由，毋宁死"这句话成了导火线，引燃了每一个殖民地人民内心愤怒的火花。于是，在这原本静谧祥和的教堂里，突然有股炙热的火焰在燃烧，不久，它就像燎原之火，扩及所有的殖民地区，最后，终于为美洲的历史写下光辉灿烂的一页。

会议结束之后，议员们各自骑马返回故里。华盛顿因要务缠身，必须留下来指挥弗吉尼亚州最近编练的军队。

"大敌当前，一旦情况紧迫，为了捍卫家园，即使牺牲生命财产、赴汤蹈火也在所不辞。"这便是华盛顿的内心想法。

在这期间，波士顿的局势变得更为险恶。"目前，殖民军的行动越来越不容低估。首先，我们必须把康柯德弹药库炸毁。"英军司令肯兹将军下达了这样的命令。

4月18日晚上，大约九百名英国正规军摸黑前进到康柯德附近，想翌日清晨便将当地的弹药库炸得片瓦不留。只是他们没想到的是，美洲殖民军早在之前就把许多重要的武器迁往他处了。

"当——当——当——"教会

※来克星顿广场民兵雕像

的钟声急促地响着，听来有些令人胆战心惊。农村、渔场、工地、学校的男女老幼各自携带猎枪或简陋的武器齐集而至。

正当英国正规军趾高气扬地行进时，篱栅缝、森林里、草丛间的枪弹接续不断地发射出来，无论瞄准与否，无论射中没有，大伙儿的心愿就是捍卫家园歼灭敌人。遭遇意外袭击的正规军本能地加以反击，但是，他们顾及右侧却疏忽了左方，注意前方又难防后路。

英国正规军这次的损伤相当惨重，他们算是尝到了失败的苦头，史密斯上校的腿部受了重伤，当救护队到达现场时，死伤累累的英军早已放弃枪支举手投降了。

在来克星顿山区，这场血淋淋的教训正迅速地流传着。传令骑兵也在街道上传播着消息。这就是著

美国之父——华盛顿

※ 来克星顿墓地，民兵领袖约翰·帕克也埋葬于此

名的来克星顿枪声，意味着美国独立战争已经开始。

当时弗吉尼亚州的朝莫亚，突然派兵查封殖民军的火药库，并想将其迁往他处，有大约一团的弗吉尼亚人在帕多利库·亨利的指挥下，拿起武器奋力作战，最后一步一步逼近，逼着朝莫亚交还所有的弹药，并补偿所有的损失。

"在这宁静的弗吉尼亚州竟然会发生这样的事情，真令人不可思议！"初次造访巴隆山庄的卡达先生，以悲痛的声音这样喃喃自语。

"怎么会不可思议呢？反抗虐政，是绝不应畏缩犹豫的。"里加洛·李这样回答他。

华盛顿则在一旁一面品尝咖啡，一面点头称是。

等到客人走后，夜深人静时分，华盛顿独自整理账本及清点各类账目，翌日清晨便离开巴隆山庄前往费城。因为，第二届大陆会议即将于5月10日召开。

69

第二届大陆会议召开

独立革命的火花迅速蔓延着。

第二届大陆会议的出席名单和第一次完全相同,没有任何变动。

"大事不妙!你的州区现况如何?"

"人民就像沸腾的热水一般混乱不安。"

各州代表虽然亲密地交谈,表现出彼此关怀的态度,其实真正的目的是为了打听对方的情况,想要迎头赶上罢了。

"是战争还是和平?"这是决定命运的关键。

"你瞧!"代表们窃窃私语。

"瞧,那人的服装仪容多么与众不同呀!"有位代表伸手指着夹杂在议席之中、身材高大、体格健硕的华盛顿上校。再仔细一看,原来,只有华盛顿一个人穿着正式的军服来出席会议。

穿着军服并没有任何特殊的含意,华盛顿认为诸如此类的重要会议,穿着军服是一种应有的礼貌。而且,正式的军服象征着这次会议的庄严肃穆。

果然,各州代表都同意局势已经十分恶化,不得不一决

※本杰明·富兰克林设计的卡通画。分节的蛇讽喻1754年北美殖民地的不团结

美国之父——华盛顿

胜负了。"再也没有和本国妥协的余地了，我们必须立刻采取断然的防御措施。"约翰·亚当斯当众这么喊着。

其他的议员立即随声附和，表示全力支持，并组织了各州的联盟。内政方面虽仍然各行其是，但是有关宣战、停战、条约、商业等凡是和殖民地领土的安全及福祉有密切关系者，均需经由联盟会议裁决。于是，又立即推选十二人组成了评议会。

这个会议马上就开始采取行动，包括军队的募集，要塞的建设，武器、弹药及军需品的制造等。为了补偿所需之军费，会议决定发行三百万纸币。

一切准备就绪之后，就该轮到推举指挥军队的总司令官人选了。

目前，波士顿虽然已经集合了大约一万六千名殖民军，但是，其中组成人员大都是北方各州临时募集而来的，因此，始终没有挑选出适合的司令官，可以说这样的部队大都是些乌合之众。

于是，议会不得不先指派马萨诸塞州的瓦洛将军暂时出任指挥，但是，这并不是万全之策。

"十三州联合军的总司令官，一定得从弗吉尼亚州挑选出来，而且，必须具有统率南方各州的能力。"约翰·亚当斯说。所以，也就产生了许多总司令官的候补人选，诸如贾鲁斯·李将军、凯兹将军以及自认为呼声最高的韩可库议长。

这时候，约翰·亚当斯又站起来

※ 现在的波士顿

发言："作为一个总司令官，除了具备军人优秀的技术和经验外，还必须有高尚的人格和杰出的才能，而且，还要有容纳他人的雅量以及足以博得全殖民地人民信赖的声望。"接着他又说："当然，若要把这些优点齐聚在一身是不太可能。不过，目前的处境，又非得需要这样的人选不可。至于这般杰出的人才，在全殖民地间有没有呢？我可以断然地告诉各位，有的，而且那样的人才远在天边、近在眼前！"

韩可库议长以为自己会荣获推荐，脸上泛起阵阵笑意。亚当斯像是在故意点醒他的美梦，继续说着："今天要向你们推荐的这位杰出人物，就是弗吉尼亚州代表——乔治·华盛顿先生。"

华盛顿震惊不已，他显得有些受宠若惊，意外得不知所措。

议程进入了秘密会期，将华盛顿任命为总司令官的决议提出之后，虽然受到各界的异议，但是，经过慎重的审议之后，仍然决定将会议延长到第二天。翌日，华盛顿终于获得全数通过，被推选为美洲殖民军的总司令官。

华盛顿谦虚地说："各位，我并不是最适当的人选，尤其在诸位前辈面前，更是担心自己的才能有限，难负重任。"他连做梦也没有想到会有这样的地位。对他来说，这几乎是想都不敢想的事情。

"为了美洲的自由和独立，尽管责任重大，既然委任于我，我得义不容辞。因为，这是特殊的荣耀，也是一项尊贵的义务。"

就在华盛顿当选的那一天，传令骑兵十万火急地赶来报告说："英国政府已经派遣满载军队、武器和弹药的船只，堂而皇之地驶进港湾。"

双肩担负起美国前途与命运的重任，正式和英国正规军一决胜负的日子终于来临了，华盛顿立刻着手于军队的募集和编练。

※华盛顿总统雕像

美国之父——华盛顿

波士顿战役的胜利

1776年3月4日夜晚，殖民军开始攻击罗基斯坦小丘。那天晚上，一轮皓月高挂在天空，将大地照耀得宛如白昼。双方你来我往开始射击，炮轰的闪光此起彼落，敌方仍不清楚殖民军转移的情形。

夜晚8时许，殖民军终于抵达罗基斯坦小丘，他们立即开始挖掘壕沟，寒月下的大地，仿佛石头般地坚硬，鹤嘴镐几次一接触到地面就被弹回。

华盛顿默默地站着。他明白这是一生中最重要的时刻，这一仗如能大获全胜，就可成为美国人民心目中的"独立之神"，反之则成一爱国亡魂罢了。

翌晨4时，他们已完成了两个阵地的构筑，阵地周围堆着一束束的麦秆，远远望去宛如一座座的炮台。

晨曦初露，霍威将军突然发现小丘上巍然耸立着两座香菇模样的堡垒，他的心顿时如受到重击般地往下沉。

"可恶的叛军，一夜之间竟有此能耐！"

一夜之间就奇迹般地完成两座堡垒，确实令人难以置信！这两座堡垒仿佛是天方夜谭中的神灯所变出来的。骤雨般的子弹纷纷从小丘落到市内，尤其舰艇更是明显的目标。波士顿要塞和舰艇上也发

※邦克山纪念碑

出了猛烈的炮火,炮弹不断地飞落到小丘上,可是士气高昂的殖民军却毫无惧色。

华盛顿纵马驰骋于小丘上,大声地高喊:"替兄弟们复仇!"因为那天正好是3月5日,也就是"波士顿大屠杀"的纪念日。

傍晚时分,英军开始有转移的迹象,运输船载着两千五百名身着红色服装的英军企图登陆威廉姆斯港,可是天不从人愿,从东方如万马奔腾而来的飓风,使得海面上波涛汹涌,运输船根本无法靠岸。

登陆计划只得拖延到第二天。

翌日,仍旧是不见阳光的阴天,大雨滂沱。当时所使用的枪支,一被雨淋湿就不能再用,所以双方的攻击不得不一再顺延。在此期间,大陆军则继续构筑工事,巩固其阵地。

"殖民军在小丘上严阵以待,舰艇若继续泊在港内,实在太危险了。"英军的夏鲁登将领发出警告。

邦克小丘战役艰苦获胜的惨痛记忆,又浮现在霍威将军脑海里,他深知想要收复罗基斯坦小丘,实比登天还难。召开参谋会议商讨之后,英军决定撤出波士顿。

"不过,当军队撤到船上的时候,如果敌方趁机发动攻击,我们将会在枪林弹雨中全军覆没的。"有位参谋听着炮弹不断落到地面的爆炸声,十分担忧地说。

"虽然危险,不过还是要撤兵,这总比投降好吧。一切没问题,我们只要在街上放火,趁混乱之时撤兵,不是很安全吗?"霍威将军想出一个办法。

波士顿市民们得悉此消息后,皆相顾失色。第八天晚上,市民推派一位代表,高举着白旗,来到殖民军阵地前。

"霍威将军曾经表示说,他们撤兵时,殖民军如果不予炮轰,他就不纵火烧波士顿。为了全市市民的生命财产,请求你们届时中止炮击。"代表心情沉重地提出上述的要求。

可是陈情书并没写明要呈给什么人,也没有霍威将军的签名,所以市民代表没能达成使命就怏怏离去了。

波士顿会不会被英军纵火焚毁呢?17日天还没亮,波士顿全市就已乱成一片,英军开始搭船撤退了。

港内共停泊七十八艘军舰和运输船,如今每艘船中都载满着兵士缓缓朝港外驶去。一万两千的士兵、水兵以及难民,将运输舱挤得满满的。

美国之父——华盛顿

在这混乱当中,殖民军的炮台并没有射击,眼睁睁地看着他们扬长而去。

这时,市民们才真正了解到华盛顿的为人。他虽然没有给市民代表一个明确的保证,但也不忍心让波士顿毁于敌军之手。歼灭敌人、争取胜利虽然是军人的本分和职责,但是,市民们生命财产的安全也不能漠视。

英军全部撤退之后,华盛顿率领大军浩浩荡荡地入城,此时的波士顿钟鼓齐鸣,旗帜飘扬。

"万岁!万岁!"市民们夹道欢迎这位拯救波士顿市的"自由勇将"。

英军仓促撤退后,竟然遗下了两百门大炮以及无数的弹药、枪支、炮车等这些连做梦也得不到的武器,竟然堆积如山地躺在那里,大陆军真是欣喜若狂。就这样,华盛顿度过了一生中最大的危机。

※波士顿大屠杀遗址

《独立宣言》的发表

波士顿收复后,下一个目标是纽约。所以华盛顿下令向纽约进军。

纽约市位于哈德逊河口狭长的半岛上,还没成立海军的大陆军经常遭受敌舰威胁,他们时时刻刻担心着,因为后路随时会被已经登陆哈德逊河上游的英军所切断。

虽然如此,华盛顿仍打定主意要死守纽约市。如果纽约陷落,哈德逊河为英军所制的话,那么,十三州就会被各个击破了。

华盛顿将指挥部设在半岛尖端的曼哈顿,在对岸的布鲁克林小丘上建筑要塞以巩固防卫。

"纵使再增加两倍的兵力,也无法守住纽约市。"最富于军事谋略的古林将军断言说。

"我心里也很清楚,不过我将不惜一切代价,决不能将纽约拱手让人。"华盛顿的语气颇为坚决。

他冒着危险深入阵地,没想到的是,一个企图暗杀他的阴谋,已在暗地里进行着。

一天晚上,餐桌上的主菜是一盘外观相当美味可口的佳肴,幸亏华盛顿没有吃那一盘菜,后来才发现里边放有毒药,而且出乎意料,在菜里下毒的竟是华盛顿的

※纽约哈德逊河

美国之父——华盛顿

一名贴身卫士。

这个可怕的阴谋,像藤蔓般地缠绕在华盛顿的周围。

华盛顿宅邸对面一家酒店的负责人柯比就是阴谋的主使人,经过进一步深入调查,竟然发现幕后的策划人是前行政长官妥利安,他在船上一面和纽约市长玛休互通消息,一面指挥暗杀华盛顿的行动。

"他们倒真会利用玛莎回到巴隆山庄的大好时机。"华盛顿内心不禁发出苦笑。

当暗杀事件闹得满城风雨的时候,突然有四艘敌舰闷声不响地出现在富古沿海,而且在湾内下锚。然后敌方四十艘帆船也接踵而至,这是从波士顿撤走的大军,另外六艘运输船载运来的增援部队也陆陆续续抵达。

"敌舰终于侵犯纽约了,假使他们胆敢在哈德逊河溯流而上,就

※曼哈顿城

立即开炮射击。"华盛顿当机立断地下达命令。

敌舰的甲板上,隐约可见趾高气扬的霍威将军身影。他们的士兵多达三万人,而且都配备有精锐武器。

华盛顿的手下却只有一万八千名士兵左右,其中大部分还是4月至7月间刚募集来的新兵,只接受过短期的训练。

以如此仓促组成的部队,而且又没有海军做后盾的阵容,要想对抗训练有素、装备精良的英国大军,那无异于鸡蛋碰石头,太不自量力了。

密密的乌云,笼罩在纽约四周和哈德逊河畔。

"将军,费城的传令兵带消息来了!"秘书匆匆忙忙赶来报告。

从敞开的窗户,可以看到熙熙攘攘的人群,他们兴奋的谈话声不时飘荡进来,华盛顿急忙走进大厅,差点和一位部下撞个满怀。这位部下乐不可支,连敬礼也忘了,他紧紧抓住将军的手。

"独立了!"他兴奋地大声喊叫。

"我们终于变成美利坚合众国了!"

《独立宣言》终于向世界宣布了。

77

※哈德逊河夜景

美洲殖民地是为了维护自由与人权才起来反抗的，但是他们当初并没有打算脱离英国而独立，所以至今仍称英军为"政府军"。可是随着战况愈演愈烈，已经到了不宣布独立不行的地步，虽然他们深知获胜绝非易事，可是事态已发展到势在必行的地步了。

如今美军民军被英国大军包围，危机四伏，可以说到了生死存亡的关头，目前唯有拼死冲出一条血路，去开创自己的前途。美洲殖民地的确是历尽千辛万苦，迫不得已才发出此《独立宣言》。

1776年7月4日。殖民地政府在费城召开会议。"联合殖民地应当为自由、人权而宣告独立。"会议上，大家一致通过这项决议。两天后，杰斐逊起草的《独立宣言》完成，那份庄重的宣言立即获得会议通过。

"7月4日可能是美国历史上最值得纪念的日子，应该把这一天定为国家纪念日，世世代代永远庆祝。那天全国各地要游行、演讲、举办各种竞赛、体育活动，还有礼炮、钟声、焰火、各种灯饰，全国人民欢欣鼓舞地度过这一个值得纪念的日子。"约翰·亚当斯态度异常严肃地建议说。

此后每年的7月4日，美国都是全民欢腾，热烈地庆祝这个伟大的独立纪念日。

议会的尖塔上，有座刻着圣经的大钟。

"将自由钟声传达至全国每个角落。"不久，自由的钟声响彻云霄，把通过《独立宣言》的大好消息，传递到全国各地。

"多么令人振奋的钟声！"华盛顿眼含泪水，高兴地对部下说。

但是这场艰苦的战争，才正式拉开序幕。

美国之父——华盛顿

约克镇战役

1780年5月，英方进军南部，终于占领了查理斯敦海港。被称为"萨拉托加英雄"的凯兹将军在这次战役中一败涂地，英军迅速朝北卡罗莱纳进军。

华盛顿马上指派古林将军到南部战线防守。这位勇将果然名不虚传，他巧妙地将得意忘形的英军引诱到内地，然后用印第安人的游击战术去攻击他们，结果大获全胜，终于断了英军企图进入弗吉尼亚的念头。

有利于美军的时机终于来临了，华盛顿立刻招来拉斐雅埃德对他说："弗吉尼亚是我的故乡，我真希望能亲自出阵。可是，作为总司令官我必须坐镇指挥，只好将此任务委托给你了。"

"遵命。"年轻的贵族公子脸上闪着异样的光彩。

"敌方有七千名士兵，而我军却仅有一千二百名。"

"这不成问题，我很感激将军的知遇之恩。"

拉斐雅埃德率军雄赳赳气昂昂地出发了。

为了以少胜多，拉斐雅埃德

※1777年6月14日正式使用的美国国旗

※诞生美国《独立宣言》的会议

时而将敌军诱至右翼，时而又将其骗到左翼，采取声东击西的战术，巧妙地避开与敌军的正面冲突，偶尔也突发奇兵骚扰英军，使得敌军疲于奔命。拉斐雅埃德计划等援兵到来，时机成熟的时候才发动总攻击。

华盛顿忙着准备进攻纽约，正好此时法国的新舰队已经抵达，而且新舰队在途中和西印度的舰队会合，使得罗希曼司令所率领的这支舰队，竟然变成一支出乎意料的庞大舰队。

他们原计划海陆互相呼应攻击敌方根据地纽约，没想到英军想从海路将援兵送到约克镇。华盛顿得到这个消息，立即改变了作战计划。

"敌方的主力部队移到约克镇，我们不妨把纽约暂且撇下不管，先攻打约克港。"

于是他们一方面建造一座巨大的烘烤面包炉来迷惑对方，一方面四处散播消息，使英方误以为他们全军要围攻纽约。华盛顿则利用这段时间，率军偷偷赶往弗吉尼亚。

当华盛顿一行进入旧首府威廉·史帕克时，民众欢声雷动。城内载满武器、弹药的货车不计其数，另外还有星条旗、三色旗以及美军和法军的军服。

一切都进行得相当顺利，停泊在契沙比克湾的是罗希曼司令所率

美国之父——华盛顿

领的法国舰队。将约克镇围成半圆形,密密麻麻甚至连只蚂蚁都无法潜入的则是华盛顿所率领的美军。

从环绕在约克镇四周的高地上望去,白烟袅袅,密集的炮弹让人喘不过气来。

纳尔逊行政长官一面举着望远镜观测,一面对华盛顿说道:"现在英军的司令部就是我以前的宅邸,射击那房子的任务,就请让我来做吧。"

如此激烈的攻坚战持续了一个月之久。1781年10月6日深夜,敌将康华利将军为情势所迫,偷偷召集各部队长说:"很遗憾,我们必须要撤出约克镇了!"

这晚,月亮躲在乌云中,漆黑的天空飘着几点小雨,是一个逃跑的最好机会。康华利将军以迅雷不及掩耳的速度将十六艘小艇放下,仅带了极少的士兵,沿着岩壁慢慢滑行,想偷偷潜出约克港。

哪想到天有不测风云,被认为最适宜逃走的时候,天空突然间下起倾盆大雨,暴风卷起巨大的海浪,十六艘小艇就像落叶般地随着风浪漂荡在海面上。

在海面上东飘西荡了好几个小时,直到东方已现鱼肚白,他们才发现这些小艇一步也没有漂离要塞。

"糟糕!我们只是在原地打转而已。"康华利将军不禁大惊失色。可是如今已无计可施,因为不知何时法舰已冒着暴风,逐渐逼近港口了。

10月11日晚上,美军开始突击仅存的堡垒,康华利将军在枪林弹雨中好不容易才躲入城内,城内已是遗尸累累,耳中尽是城外美军气势逼人的叫喊声。

不久,只见要塞上一面白色旗子,垂头丧气地缓缓升起。

突然有人高呼"万岁"。

"胜利了,我们大获全胜了!"华盛顿一面喃喃自语,一面凝视着飘扬在天空的白旗。

双方讲好投降条件后,决定于10月19日举行开城典礼。

英军垂头丧气、狼狈不堪地逃离出城,不一会儿,要塞上升起的美国星条旗,就飘扬在徐徐吹拂的

※ 约克镇战役的胜利标志着美国独立战争的胜利

秋风中了。

华盛顿骑在马上的雄伟英姿，宛如一幅画像。他纹丝不动地凝望着这幅令人感动的景象。

知识链接

约克镇战役

　　1778年6月法英开战，西班牙也于1779年6月对英作战。俄国于1780年联合普鲁士、荷兰、丹麦、瑞典等国组成"武装中立同盟"，打破英国的海上封锁。1780年12月，荷兰进一步加入法国方面对英作战。北美独立战争扩大为遍及欧、亚、美三大洲的国际性反英战争，英国陷入空前孤立的境地。在南部战场上，美国大陆军和民兵以游击战和游击性的运动战与敌周旋，日趋主动。在1781年的吉尔福德之战中，英军伤亡惨重。在大陆军和民兵的持久消耗下，英军渐感力量不支。

　　1781年4月，英军在康华利率领下，实行战略收缩，向北退往弗吉尼亚。美军格林部乘势挥师南下，在民兵游击队配合下，拔除英军据点，收复了除萨凡纳和吉尔斯顿之外的南部国土。

　　从1781年4月至1783年9月，为战略反攻阶段。1781年8月，康华利率七千名英军退守弗吉尼亚半岛顶端的约克镇。此时在整个北美战场英军主要收缩于纽约和约克镇两点上。1781年8月，华盛顿亲率法美联军秘密南下弗吉尼亚，与此同时，德格拉斯率领的法国舰队也抵达约克镇城外海面，击败了来援英舰，完全控制了战区制海权。9月28日，一万七千名法美联军从陆海两面完成了对约克镇的包围。

　　在联军炮火的猛烈轰击之下，康华利走投无路，于1781年10月17日即伯戈因投降的第四个周年纪念日，请求进行投降谈判。10月19日，八千名英军走出约克镇，当服装整齐的红衫军走过衣衫褴褛的美军面前一一放下武器时，军乐队奏响了著名乐章——《地覆天翻，世界倒转过来了》。

　　约克镇战役后，除了海上尚有几次交战和陆上的零星战斗外，北美大陆战事已基本停止。1782年11月30日，英美签署《巴黎和约》草案，1783年9月3日，英国正式承认美国独立。

全力推行共和制

美国第一任总统

图 说 名 人

由于约克镇战役的大获全胜，使得美国独立战争实际上暂时告一段落，英国已无心恋战，所以不再把军队源源送到美国。可是美方仍不松懈，因为英军在纽约和查理斯敦仍有三万名兵员驻扎。

此时，美国政府仍旧懦弱无能，根本没有能力维持全国秩序，而且各州意见分歧，呈现一片混乱的局面。由于联合政府没有课税权，军队已经到了连军饷都发不出的地步。

"不能再继续这样下去，最好以军力来整顿秩序。"提出这种论调的人愈来愈多。

事实上，目前有能力统一美国的只有华盛顿所率领的军队。

有一天，哈弗莱上校登门造访，他发现华盛顿和往日不大一样，正因盛怒而颤抖不已，询问后才得知是看了雷温尼古拉上校的来信才如此的。

这封信的内容，大致是说美国现在急需一位由人民选出的国王来维持秩序，整顿目前混乱的局面，华盛顿是出任国王的最佳人选。

"混蛋！不识大体的家伙！"华盛顿将那封信丢置一旁，破口大骂。

"在人民之上再组织一个军政府，我可没说过这种让人民怀疑的话，这个大混蛋！至于才识兼

名人名言

我无意彻底排斥爱国主义观念。我知道它存在，并且我知道它在当前的争端中起到了相当的作用。但是我敢断言，一场伟大持久的战争绝不能仅仅靠这个原则来支撑。还必须有对于利益或回报的预期。

——华盛顿

知识链接

约克镇

美国弗吉尼亚州东南部小镇。位于约克河河口，临切萨皮克湾。1631年始建，独立战争前是繁华的商港，1781年在这一带进行了决定独立战争胜负的战斗。现属国家历史公园一部分，有华盛顿与英军将领会见的穆尔大厦及很多史迹和战绩。

备够资格来领导政府的人士多的是。再说，我们的国家一定要彻底实行共和政治。如果不能遵循这一原则，意图采行其他政体的，都是叛逆！"

他的脸庞因愤怒而扭曲，让人看了害怕。

当时，军队的情况使得华盛顿忧心忡忡，因为已经有好几个月没有发饷，不满的情绪逐日高涨，已经快接近爆发点了。自从1781年10月约克镇收复至今已满一周年，同时和英国也已签订了合约，大家都认为战争已经结束，各州的态度愈来愈冷淡。

华盛顿想尽办法催促政府，却始终没有令人满意的答复。因此军中充满了火药气息，还出现了秘密传单，差点就酿成暴动。

华盛顿决定召集部下，把目前的困境向他们说明，以安抚他们不满的情绪。

看到华盛顿走了进来，房间内正喋喋不休的将校们突然鸦雀无声。

华盛顿初次就任总司令时，是位正值四十三岁英年的将军，如今站在他们面前的华盛顿，已经两鬓斑白，额头布满皱纹。

华盛顿从口袋掏出一封信函，将老花眼镜戴上，然后说道："抱歉！请原谅我必须戴上眼镜，因为长期操劳军务，以致头发斑白，眼睛也老花了……"

听了华盛顿这短短的几句话，全场的将校们就已经热泪盈眶了。

在无数次战役中，华盛顿骑着白马驰骋在前线，亲自举着指挥刀作战，对加之他身上的非难和中伤，一直忍气吞声。这位献身于军务的将军，在政府发不出薪饷时，自始至终和士兵们同甘共苦，为了部属的被服、粮食及薪饷，一直站在他部下这一边，尽力向庸弱无能的政府交涉，不知道付出了多少的辛劳！

这位公忠体国、爱护部属的将军，以坚决的语气向他的士兵保证说："对于你们合理的要求，我将

美国之父——华盛顿

竭尽全力去争取。"

唏嘘声此起彼落,当华盛顿离开后,一股浓烈的火药味已烟消云散了。

不久,一艘在费城下锚的法国船只"特里温福号",响起了叮叮当当的钟声,水手们高声地喊叫。

"战争结束了!"

"美利坚合众国万岁!"

他们带来了英国终于承认美国独立的消息。

从1783年夏天开始,载满英军的船只从纽约港撤出,直到秋天才全部撤完。9月3日,双方正式在巴黎签订和约,战争终于正式落幕。

11月25日,最后一批英国军队乘船离开的那天,华盛顿率领军队进入了纽约市。

全市一片旗海,白天礼炮鸣放不停;晚上,五彩缤纷的焰火,不断地在天空中绽放着耀眼的火花。

华盛顿和他心爱的部下告别的日子终于来临了。惜别会在福洛廉斯馆的大厅举行,华盛顿频频举杯庆祝美国的独立,内心却百感交集,默默地沉思良久。

"我现在只有以充满爱和感谢的心,来向各位告别,诸位半生投身于戎马,功绩显赫,盼望今后都有一个幸福的日子,我虔诚地祝福各位。"

和他感情最为深厚的诺古士将军,一步一步走向前去,华盛顿激动地和他紧紧地拥抱在一起,其他将士也争先恐后地和他们所敬爱的将军握别。当华盛顿乘坐的小船缓缓驶离哈德逊河岸时,齐集在岸边、穿着褪色泛白军服的将士们一个个噙着热泪挥帽送别。

将总司令官的印绶交还给安那波利斯的国会后,翌日傍晚,华盛顿就带着副官比利踏上返回巴隆山庄的归程。

※ 纽约港

短暂的归乡生活

久违了！令人魂牵梦绕的温暖家园。

华盛顿一进家门，就急忙穿过灯火通明的大厅，走上二楼阶梯，他要赶着去看看两个可爱的孙子。

由于华盛顿的儿子杰克英年早逝，他的两个孩子就由华盛顿代为抚养。

翌晨，这两个孩子的脸上显得一片惊异，仰看从二楼走下来的华盛顿，原来他已脱下昨天穿的那套笔挺的军装，换上了普通便服。

※华盛顿和玛莎曾在这里居住

华盛顿微笑着摸摸孩子们的头说："托神的福，我终于能重新过上平民的生活了。"

华盛顿站在敞开着的窗户旁边，呼吸着外面的新鲜空气。他现在要去巡视农场，还得去查看木匠修筑的篱笆和凉亭。

重新整理已经荒废了八年的农场，还得花费一番工夫。国会曾经要让他当"荣誉市民"并给予特别津贴，却被他婉拒了。所以，现在如不迅速振兴农场，以后恐怕就无法缴税了。

华盛顿听到后面的脚步声，赶

美国之父——华盛顿

忙回头一看,原来是在马厩工作的黑人。

"早安!萨姆……咦?你怎么牵来两匹马呢?"

"我以为昨晚来的客人和您在一起哩。"

这位黑人口中的客人便是拉斐雅埃德。战争初期他还是一位年轻的贵族,如今已长大成人,是位优秀的将军了。约克镇一役胜利后,他暂回法国,最近才又来到美国。

华盛顿巡视完毕回到宅邸已经9点了,一进大门,就听到孩子们欢乐的笑声。仔细一瞧,原来是小华盛顿坐在拉斐雅埃德健壮的双腿上,而刚满五岁的妮莉,边哈哈笑着边在旁边跳跃。

"早上的运动该告一段落了吧,请到餐厅用餐。"玛莎夫人微笑着说。

"要是拉斐雅埃德夫人能一块来,那就更好了。"

"爱德莉安原本也很想来,可是将孩子托佣人照顾她又放心不下。"拉斐雅埃德笑着说。

"这和我先生始终不能放心将国事交给议会和政府真是如出一辙。"夫人意味深长地加上这么一句话。

好像和拉斐雅埃德心有灵犀一点通似的,他们互相望了一眼。

"从此以后,我不再从事公职,要好好缩在自己的壳里。"

他虽然嘴里这么说,事实上仍每天和政府人士商谈国事。

华盛顿一面经营着广大的农场,一面却时常向客人慨叹,美国好不容易才能够独立,可是十三州却一点都不珍惜历尽千辛万苦所获得的成果,依然各行其是,不能团结。

"国家现在充满猜疑和嫉妒,正处于分裂之中。"

"刚开始的时候,难免会有这种现象,以后慢慢自然会步入正轨的。"

"好不容易才获得独立,如同一位获得大笔遗产的年轻继承人,如果不知珍惜却只会挥霍享受,转眼就会将家产耗费殆尽,以至名誉扫地的。"

"嗯,说的一点都不错。"

"如果各州再继续各行其是,彼此对立的话,那英国议员所谓'美国独立,只不过是场美梦'的预言,恐怕会不幸被言中了!"

"不,不会这样的。"

拉斐雅埃德急忙纠正华盛顿悲观的想法。他认为现在美国各地刚刚萌芽的工商业正蓬勃茁壮地成长,显得朝气十足,有如初升的旭日。

"美国有才能的人不胜枚举，怎么会功亏一篑呢？"

华盛顿重重地叹了一口气道："就是有才能的人太多，才会彼此互不信赖啊！"

华盛顿和拉斐雅埃德愈聊愈起劲，他们两人共度了几天令人怀念的快乐时光。终于，客人必须要告别了，主客互相拥抱，依依不舍地互道珍重。

黑人关上了马车的门，拉斐雅埃德从窗口探出头来说："不要说分别，只要道一声下次再见。"

华盛顿一直挥手目送马车愈驶愈远，直到不见踪影。不知为什么，突然有一个会不会就此"别了"的念头掠过他的脑际。

华盛顿继续过着平淡、宁静的生活，可是辞卸所有公职，希望一心一意过隐居生活的愿望却一直无法真正实现。

他已经不是那位八年前应召为大陆军总司令而匆匆赶往波士顿的华盛顿了。现在，每当他外出，经常有人群跟随在后，礼拜天到教堂去的时候，那些急欲一睹美国建国英雄真面目的民众常将走廊挤得水泄不通。

由于名声太过于响亮，以至于他感到恬静的生活仿佛和他绝缘似的，竟是那么难求。

西班牙国王赠予他一匹驴子，英国人赠送他一个大理石火炉，另外还有一个法国人送来了一大群猎狗。

他已经不是一位纯粹的胜利将军，而是名闻遐迩的世界性人物了。

川流不息的访客纷纷来到巴隆山庄谈论国事，各州州长、国会议长、外国贵宾、军人、外交家以及邻居、朋友、观光客等不断地蜂拥而至，其中留宿在巴隆山庄的访客也不计其数。此外还有像雪片般飞来的众多信件。

因此，华盛顿即使是大门不出二门不迈，对国内外的情势也了如指掌。

华盛顿最为担心的，还是他曾经和拉斐雅埃德互相讨论过的那些话题。美国历经艰难才争取到目前的独立地位，可是如今十三州却各行其是，毫无团结之意，它们犹如一盘散沙，完全没有同心协力缔造一个强大国家的热情。

现在国家充满猜疑和嫉妒，正处于分裂之中，好不容易才获得独立，没想到其结果却宛如一位获赠大笔遗产的年轻继承者，只知道毫无节制地挥霍享乐，转眼之间便会散尽家财，一场美梦瞬时就化为乌有。

美国之父——华盛顿

如果各州毫无止境地继续争执下去，那么美国的统一将成为幻影，现在已有许多人士持有这样一种想法，如果英国发现美国的内讧，可能会再度前来夺回其殖民地。

美国并不是没有人才，而正是因为有才能的人太多，才会彼此互不信任。倘若这种情形再持续下去，不只是英国会蔑视美国，连曾经帮助美国独立的欧洲各国，也会逐渐看轻美国。

美国在战争期间，曾向法国、荷兰、西班牙借贷了大笔款项，如今摇摇欲坠的联邦政府毫无还债能力，向各州募集也勉强只能筹到利息而已。因此，各国纷纷指责美国政府为"蛮横政府"。如今美国若想维护其独立的成果，除了十三州同心协力组织一个强有力的中央政府外，别无他途。

"今后政府的方针，关系到美利坚合众国的前途，是永久屹立不动，为世人所崇敬，还是沦落到为世人欺凌的悲惨境地，现在正是我国政治接受考验的时候。"

华盛顿苦口婆心地提出以上的警告。

幸亏时势逐渐朝华盛顿所主张的方向进行。1787年5月，十三州代表终于在费城集合，举行为制订新宪法而召开的会议。

"我是军人不是政治家，绝对不能接受政府要职。"华盛顿虽坚持不接受政府授予他的职位，但是呼声太高使他难以推却。因为这是华盛顿大声疾呼促成的会议，现在若没有华盛顿在场，那宪法制订会议又有什么意义可言！

※ 美国制宪会议

制订新宪法

在费城举行的制订宪法会议，将要决定美利坚合众国以何种形态存在。

费城被欢呼的人潮所淹没，教堂响起了清脆悦耳的欢迎钟声。

华盛顿最先遇到的是本杰明·富兰克林。富兰克林在战时一直在巴黎为游说法国和其他各国帮助美国而四处奔走。他在战后仍继续致力于美国独立工作，直到在巴黎与法国签订和约后，最近才刚整装返国。

"将军！你来得正好，我们有将近十年没见面了吧！你的大名在那边可是响亮得很啊！"

富兰克林此时已是八十一岁高龄的老人，而且神经痛缠身。可是为了国家大事，仍抱病前来。

各州的代表陆陆续续抵达，他们都抱着绝对要维护本州利益和权利的态度，看来想要真正统一美国并不是很乐观的。

"照这种情形看来，想统一十三州的提案，恐怕连一项

※在美法达成联盟协议后，法王路易十六夫妇接见本杰明·富兰克林

美国之父——华盛顿

也无法通过，而且很可能又会发生异常可怕的冲突，招致民众责难。我如果不能坚持自己的信念，将来定会悔恨莫及。明知不可为也要力争到底。我要联合正直、贤明之士朝此目标奋斗。至于成败如何只能寄托于神了。"华盛顿早就下定了这样的决心。

会议从1787年5月25日开始，在州议事堂举行。当华盛顿尚未就席时，大家就提出推举华盛顿为议长的决议并立即获得全数通过。

华盛顿的态度非常谦虚而庄重，他说："敝人才疏学浅、经验不足，实不堪担任此一重大会议的议长之职，但我愿竭尽一己之力来完成责任。"

他此时简洁有力的致辞态度和就任总司令官时毫无两样。

会议的焦点，是要赋予中央政府和国会的权限。至今各州好比是一个个独立的国家，如果增强中央政府的权力，就会侵害到各州的权限，绝大多数的代表都有这种顾虑。可是，如果中央政府毫无实权、软弱无能，那么，美国充其量只是一个有名无实的合众国罢了。

费城的仲夏异常炎热，华盛顿纹丝不动地坐在议长席上，他没有发表演说，只是为尽议长之责偶尔询问代表们的意见，或者在议事进行中，说一两句例行的话而已。

可是这已足够了。如果辩论

※华盛顿在制宪会议上讲话

进行激烈或议案濒临破裂边缘时，代表们就不约而同地仰头看着议长席。

不发一言默默端坐在议长席的那个人，就是在漫长的八年间，承受一切加之他身上的打击、忍耐饥寒交迫之苦、率领无薪饷的军队奔驰于战场上、始终尽忠职守的华盛顿总司令官。他是抛弃己利、冒着生命危险、赴汤蹈火为美国独立和自由奋战不懈的伟人。

仰望到华盛顿那凛然的姿态，与会者就会意识到自己的鲁莽实在愧对华盛顿，于是便又平心静气地继续研讨解决的途径。

这个举世闻名的华盛顿，只要静默不语，就足以慑服那些滔滔雄辩的政客，使他们逐渐互相妥协。这些暂时选出的卓越政治家齐集一堂，各自盼望美国前程似锦，跃登世界强国的地位。他们已经领悟到"小不忍则乱大谋"的道理。

当然，争论演变成白热化状态，议场一片混乱，即将濒临破裂边缘的火暴场面不免会时时出现，这时总会有许多与会者气愤地拍着桌子准备退席，此刻仍不失冷静而屡次挽救决裂危机的，就是那个已经年老了的富兰克林。

富兰克林不厌其烦地说服着诸位代表："我个人对此宪法也相当不满，我所提的建议连一个都没有被采纳。可是纵使这部宪法并非十全十美，我也要高举双手赞成，因为我们需要一个强有力、足以领导十三州的中央政府。不管这个政府的形态是什么样子，我深信只要妥善运用，一定会给人民带来福祉。"

由于彼此的忍让和妥协，最后万事皆迎刃而解。9月17日，全体一致通过美国1787年宪法。

经过连续四天疲惫的旅程，华盛顿的马车终于在傍晚时分，进入巴隆山庄的大门。

他高兴地摸着孙儿们可爱的小脸，和蔼地说："祖父再也不会离开你们这么久了。"这是华盛顿的肺腑之言。

翌年，当国会召开会议，正式宣布宪法的时候，华盛顿宁静的家庭生活又泛起了圈圈涟漪。每份报纸都登载着触目的大标题："推举华盛顿为总统。"

在路上遇到他的行人，也都异口同声道："除您之外，没人能将全国人民的心紧紧地系在一起而组成一个强大的新国家。"人们心中一致认为这是理所当然的事。华盛顿却困惑不已，他对目前在巴隆山庄的生活心满意足，觉得再无所求了。

美国之父——华盛顿

想到要离开可以任意策马驰骋于有着广阔农场的可爱的巴隆山庄而千里迢迢远赴都市，华盛顿的心就一直往下沉。

"我是个垂暮之年的老人，没有资格再继续从政。如勉强接受，徒然招惹世人的谩骂。而且我对政事毫无经验和自信，倘若就任此职，以后定然会后悔莫及。"

华盛顿屡次写信给他的朋友，表示自己无法胜任。如果强迫他告别悠闲的田园生活，对他来说实在是一个重大打击。

可是，华盛顿经过八年忍辱负重地奋战，才为国家争取到独立，而由此诞生出来的新宪法他也有挺身守护的责任和义务。

※时任美国副总统的约翰·亚当斯

选举揭晓的结果，华盛顿高票当选为第一任美国总统，副总统是约翰·亚当斯。此时，华盛顿知道再也无法推卸，他不能辜负国人的期望，只有将全部心力贡献给国家了。

前来正式通知华盛顿当选总统的国会秘书汤姆森风尘仆仆地赶到巴隆山庄。华盛顿向他表明："国家赐予敝人的隆恩和信赖，我不敢再存异议，唯有以沉默来表示深深的感谢，决心秉持着真挚而热诚的态度，报答国人的厚爱。"

他毅然决然地挑起了这副重担。他曾把当时的心情告诉他的挚友说："坦白说，即将高坐在政治椅子上的我，那种心情和绑赴刑场的犯人毫无二致。"

当华盛顿坐上马车离开巴隆山庄的时候，从不远的地方传来阵阵欢呼声，那是齐集在黑人部落前面的黑人们在向他道别，有些黑人伤心地哭泣，有些黑人对自己主人能荣任总统深感自豪。他们不断地高呼"万岁"，华盛顿面带微笑向他们挥帽致意。

华盛顿的日记中对当时复杂的心情有如下的记载："10时许，挥别了巴隆山庄惬意的生活以及温馨甜蜜的家，怀抱着无法言喻的沉重、痛苦的心情，启程前往纽约。"

93

第一任美国总统

"不要举行盛大的庆祝仪式。"华盛顿虽曾一再地告诫属下，可是纽约仍好像欢迎凯旋的英雄般人声鼎沸，庆祝的钟声和礼炮齐鸣，几乎淹没了码头上民众的欢呼声。当华盛顿上岸时，但见星条旗、长旗构成了一片旗海，装饰得五彩缤纷的花车，更增添了热闹的气氛。民众们从窗口向华盛顿挥舞着手帕，投掷鲜花。

这不是寻常的欢迎场面，而是民众对这位新诞生出来的国家第一任元首由衷地表示信赖和敬爱，这完全是发自内心的真情。

看到民众所流露出的真挚情感，华盛顿深受感动，这些深深震撼了他的心灵。他在日记中写道："随行小艇的壮观，装饰着国旗和灯泡的船只以及入城时民众的欢呼声，使我既高兴又感动，同时也更加深了我的负担。"

1789年4月30日，在国会议事堂的阳台上举行就职仪式。庄重肃穆的宣誓结束后，就轮到华盛顿致辞了。

"啊！怎么了？看总统的脸色……"利亚秘书向哈弗莱上校低语。

仔细一看，果然华盛顿脸上毫无血色，而且还微微地在颤抖，随从连忙搬来一张椅子，华盛顿扶着椅背坐下，双目紧闭。

※美利坚合众国的缔造者乔治·华盛顿

美国之父——华盛顿

他并不是急病突发。原来,这位在面临千军万马的敌人时仍然泰然自若的将军,却在即将肩负这个重大责任的时候,感到全身发冷、颤抖,没法控制自己的声音。

此时,突然有个声音在他耳畔响起:"你在害怕什么呢?这是你应尽的义务啊!神已帮助你渡过多次难关,不是吗?只要诚心待人、尽忠职守,神一定会庇佑你的。"

他心中反复地这么想着,缓缓地站立起来。刚开始致辞的声音,低得让听众不知所云,后来渐渐地语调愈加有力而激昂,尤其是后面这段话,正中听众心坎,令他们感动不已。

"……神亲自为我们决定的秩序、正道和法则,凡是不能遵守或故意违抗的国民,神是绝对不会容许的。愿神圣的自由之火生生不息、绵延不断。这个共和政体的命运掌握在每位国民的手中。"

不久,星条旗冉冉上升,接着,礼炮齐响,清脆喜悦的钟声传遍全市每个角落,民众发出了震天动地的欢呼声。

就职典礼圆满结束。

从这天开始,他已不是一介布衣的华盛顿,而是美利坚合众国

※ 星条旗的升起标志着美国的独立

新诞生出来双肩担负着重任的总统了。

翌日,华盛顿就开始了忙碌的工作,他在处理政事上异常慎重。

"我所迈向的是前人未曾踏过的道路,我的一举一动都会成为后人的先例。"

大小政事接踵而至,因为尚未成立内阁,责任感极强的华盛顿只好连芝麻绿豆般的小事都一手包办。他不分昼夜,不眠不休地埋头工作。

这年的6月,这位为国辛劳的总统,虽然有沙场上锻炼出来的强健体魄,终因整日忙碌而身体不支了。他突发高烧,几天来一直都徘徊在生死边缘。

"你们无需安慰我,只要告诉我实情,我并不畏惧,今晚或者二十年后撒手西归,结果都是一样的。"

华盛顿如此告诉医师,医师微笑着回答说:"请放心,您已度过危险期,可是,今后千万要减少每天的工作量,尤其要多做运动,否则您的健康情况堪忧。"

他听从医师的劝告,当病情稍为好转时,就每天不间断地在炮台一带散步,偶尔也亲自驾马车到郊外去散心。

此时内阁的成员正渐渐齐全。

国防部长是曾经和华盛顿并肩作战的诺古士,财政部长是往年担任华盛顿参谋的汉密尔顿,司法部长由他在弗吉尼亚州的密友蓝道夫担任,外交部长则由同属弗吉尼亚州被称为"前进分子"的杰斐逊担任。

他们中最年长的是四十六岁的杰斐逊,其次是汉密尔顿三十二岁,其他都是三十岁左右的青年才俊。

"这些都是足以信赖且堪负重任的才俊,我心头上的石块总算可以落地,晚上也可以闭目休息了。"华盛顿显得兴高采烈。

可是有些不明就里的国民,认

※汉密尔顿

美国之父——华盛顿

为这些人虽然军功显赫,却不懂政事,为何个个担任他们并不擅长的中央政府高职。

华盛顿的当务之急,就是矫正深植在国民脑中的这些错误观念。

各州已经不是各个独立国家,在各州之上还有一个名叫美利坚合众国的中央政府。目前最要紧的是把美利坚合众国建设成一个世界性的强国,这种观念必须深入全国各个角落。

10月末,华盛顿动身前往美国北部,巡视新英格兰。他抵达波士顿不久,当地的州长漠诺克就派来了一位使者,向他报告说:"州长本应前来晋见,可是他身患中风,行动不便,可否请总统念在旧谊,移驾州长宅邸会面?"

马萨诸塞州的州长漠诺克是华盛顿的挚友,他恨不得立刻能见到华盛顿。可是,出乎意料的是华盛顿竟然一口拒绝了。

因此,病榻上的漠诺克只得外披一件红色绒毛外套,由别人扶持,抱病前来华盛顿下榻之处,对总统做礼貌上的拜访。

在别人眼中,也许认为华盛顿冷酷无情。殊不知,友谊是私人交情。当时有许多国民仍然认为,即使是至高无上的总统莅临各州,还是州长的权力最高。因此华盛顿才特将卧病的漠诺克州长召到自己的下榻处,以维护元首的尊严,同时也可让他们抛弃过去殖民地自傲的偏见,认清各州之上还有中央政府存在的事实。

※华盛顿半身雕像

设立国立银行

1790年1月，国会首次召开会议。会议中各方争论的焦点，是国债的解决办法。

在独立战争中，美国的贷款高达八千万美元之巨，其中一千二百万是向法国、西班牙、荷兰等同盟国贷来的外债，后来为了增加军费，又发行了四千二百万的公债。此外，各州所负担的贷款，也达两千五百万美元之多。因此，年轻的财政部长汉密尔顿，开始着手大规模地整顿财政，计划提高关税以偿还债务。

"国家向外国或人民所借贷的款项，应按时偿付，这关系到国家的信用问题。"

最后终于决定一个方针，就是外债需马上偿清；内债则改为长期公债，按面额偿付。至于州债则转为国家债务，由国家按面额予以承担。

全场一致通过这项外债偿付办法，但关于内债，却掀起了激烈的辩论。

因为，当时的货币已贬值六分之一，如果依照债面金额偿付，实在是毫无道理，因此南部地方的民权派人

※现在的美国国会大厦

美国之父——华盛顿

士群起反对，以致整顿财政案最终功亏一篑。

阁员每天召开会议，研商解决之策，华盛顿更是忧心忡忡。就在此时，有位满头褐发、下颚突出、身材瘦瘦高高的中年绅士前来拜访总统。他衣着朴素、毫不显眼，看上去是步行来到这里的。

"事先有没有约定？"守卫上前询问。

"有，请通知总统，托马斯·杰斐逊前来报到。"

新任外交部长的杰斐逊从国外回来得正是时候，华盛顿欣喜若狂，因为杰斐逊出身弗吉尼亚州，在南部政治圈中很有势力，被尊为民权派的领袖。如果和杰斐逊商量，说不定事情就可迎刃而解。

即将入阁的外交部长杰斐逊对华盛顿说："我刚回国不久，还不明白事情的始末，不过我会尽力说服同伴的。"杰斐逊如此保证。

和财政问题一样被争论不休的，就是首都将设于何处的问题。目前最有希望的是费城和纽约，但是南方人士却坚持主张首都应设于南部地方。

杰斐逊以十年后将把新首都设于波多马克河畔作为交换条件，终于通过了汉密尔顿的国债处理案。

以汉密尔顿为首的国权派，主张加强政府的力量以巩固国家团结；而以杰斐逊为首的民权派，则主张应该维护各州的权利和人民的自由。两派为此争执不下，难以解决。

此一事件的导火线，是因为财政部长汉密尔顿意欲成立一所国立银行作为美国经济中心。当他向国会提出此案时，民权派马上以宪法上中央政府无此权限，提出反对意见，结果两派又展开一场激烈的争辩。

当时的内阁会议也分为两派，国防部长诺古士支持汉密尔顿的见解，而司法部长蓝道夫则和杰斐逊站在同一阵线。

这是2∶2平分秋色的局面，最后只得请总统来裁决。华盛顿考虑再三，仍决定要设立国立银行。

当时美国最优秀的两大政治家，汉密尔顿和杰斐逊常因政策上见解不同而发生激烈的争执。

"如果内阁是间鸡舍的话，那么汉密尔顿和我就好比是两只剑拔弩张彼此瞪视着的公鸡。"杰斐逊曾自我解嘲时说道。

其实与其比喻为"两只公鸡"倒不如称为"两头猛虎"来得恰当。他俩刚入阁时交谊甚笃，后来则常有摩擦或意见相左的情形发生。有位阁员曾说"切勿纵虎归山",意思是说倘若这两头猛虎都归山的话,那么美国政治立时就会陷于混乱的局面。

幸亏总统是德高望重、深得人心的华盛顿,这两头猛虎虽时常争论不已,但仍能相安无事地发挥其所长,继续留在内阁任职。

刚毅的华盛顿在四年任期快终了的时候,已经感觉身心俱疲,因而有了辞去公职归隐田园的打算。他在言语之间常流露出这种愿望。

听到这种风声,最感惊讶的是玛奇逊。

"继续留任固然对您是个重大的牺牲,这是大家都了解的。可是除您之外,再没有人能化解这纠纷迭起的政局了。"

杰斐逊也极力挽留道:"全体人民的希望都寄托在您身上,唯有您才能将南北部紧紧地团结在一起。"汉密尔顿亦用三寸不烂之舌力劝华盛顿留任。

华盛顿为了促进人民的团结,避免国家的分裂,不得不再度承诺继续竞选总统。

1793年,华盛顿继任第二届美国总统。

※时任外交部长的杰斐逊

美国之父——华盛顿

重归庄园生活

再度恢复平民身份的华盛顿，第一件事是把拉斐雅埃德的孩子赶紧接到身边。夫妻俩带着这位少年坐上马车，直往巴隆山庄驶去。

"过去的巴隆山庄宛如鸟语花香的春天，没想到我离开八年的时间，竟沦落到如此满目萧条的地步！"华盛顿摸着剥落的油漆和残破的壁板，不禁感慨万分。

"不好好整修一番是不行的。马上通知油漆行和修理屋顶的工人和木匠来整修。"

华盛顿曾写了一封信给好友："如今我每天的生活，可谓日出而作，此刻如果佣人们尚未着手工

※华盛顿总统故居

※华盛顿被广大美国人所怀念。图为以其名字命名的乔治·华盛顿大桥

作,我就亲切关怀地询问他们是否身体不舒服。如果已经完成一天的作息,我就检查他们的疏忽之处,检查得愈彻底,则这八年我不在的期间建筑物损坏的程度就愈为一目了然。"

"早晨工作完毕后,早餐已准备就绪。吃过早餐,就骑马去巡视农场,直到日暮时分,才拖着疲惫的身子返回温暖的窝巢,洗去一天的辛劳,和家人共进晚餐。"

"晚餐过后,就要到外面去做定时的散步,回来喝完茶,往往已是点灯时分。如果没有访客,日落西山后就躲进书房,在晃动的烛光下开始拆阅来信。可是每次在烛泪将滴落之际,我的眼皮就已沉重得撑不开了,于是乎就想明晚再继续吧。到了第二晚又是旧事重演,就这样一天天持续下去。"

"这种今日事不能今日毕的习性一天不改,事情就永无完成之日,你大概不会像我一样懒散吧!"

从这些轻松的语气上看来,他晚年所享受的田园乐趣,可以窥其大概了。

美国之父——华盛顿

安静地逝去

华盛顿退休后的两年，卸下肩头重担，而且有他最喜爱的年轻人围绕在身边。他偶尔欣赏旋律优美动听的音乐，或者从事一些运动舒展筋骨，这种悠闲的生活是他一生中最快乐的岁月。

华盛顿连任两届总统，不但农场因此荒废，而且因为在总统任内时的花费惊人，使他负债累累，迫不得已只好变卖一片价值五十万美元的土地。不过，这对华盛顿而言，还不足以构成生活上的威胁。

※巴隆山庄的华盛顿墓

他生性喜欢孩子，巴隆山庄的小孩子们，每天希望黄昏时分快点到来，因为这是华盛顿和小孩们嬉戏的时刻。

炎炎夏日早已过去，金风送爽的秋季已经来临，鲜绿的枫叶已染上一片艳红。有一天，小拉斐雅埃德眼眶噙着泪珠，跑到华盛顿的房间说："被释放了！爷爷，我爸爸被释放了！"

华盛顿悲喜交集，

103

感慨万分地紧紧搂住正在哭泣的少年。可怜的孩子按捺不住焦急的心情，没有等到更确实的消息，就迫不及待决定搭乘下一班船返回法国，完全不顾别人的劝阻。

华盛顿把他送到新首都——后来这个城市被命名为华盛顿。"乔，把这封信交给你爸爸，并且转告他不论今后两国发生什么事，我俩的友谊是永恒不变的。"华盛顿神情异常恳切，因为那时美法两国的关系已经日益恶化。

面对法国的蛮横不讲理，美国逐渐无法再忍耐，最后国会终于同意授权给亚当斯总统，组织一万名国防军。

此时，全体人民的焦点都集中在巴隆山庄，假使建国的总司令官能复出指挥国防军的话……

当身负使命的代表来到巴隆山庄时，孙女妮莉将手绕在爷爷的脖子上，忧心忡忡地低语道："爷爷，您还要上战场么？"

"不，妮莉，我已这么一大把年纪，所以我事先已有声明，虽愿意去帮助组织国防军，但是除非到了万不得已的地步，我绝对不上战场。"

这时，已进入大学因休假回家的小华盛顿说："这么说，还是难逃一战了！"

"嗯，法国革命政府若不痛改前非，战争将无法避免。我是一位彻底的和平主义者，但是国家的尊严也不可不顾。"

于是将军再度披上战袍，告别家人，直奔费城。

华盛顿完成军队的编练后，即刻返回巴隆山庄。黝深的森林里，干枯的枝丫被北风吹得沙沙作响，晶莹的白雪在窗边闪烁着，华盛顿每天都在户外和书房里忙得不可开交。

那时，他已拟定好经营自己土地的计划和轮作表，洋洋洒洒约有三十页之厚。

华盛顿下定决心要在生前把所有的土地整理妥善。

1799年12月12日早上10时许，华盛顿一如往昔，骑马巡视农场，那时从早上就一直飘落的小雨突然转为雨雪，接着又变为冷雨下个不停。

"今天天气非常恶劣，不要让佣人们出去……"华盛顿银白的发丝上，犹有雨雪在闪耀着。

"看你全身都湿透了……"

"没关系，我穿了外套。"华盛顿的口吻异常轻松。

翌晨，已有3厘米厚的皑皑积雪，仍不停在飘落。午后，华盛顿看到天已放晴，于是就到溪流附近

美国之父——华盛顿

的森林去做砍伐的记号。他的声音愈来愈沙哑，可是他自己却不以为意。

晚上，和家人齐聚在大厅的时候，他仍显得异常快活，家人要拿感冒药给他服用。

"不，虽然有点感冒，可我从没服药的习惯。没关系，我想自然会痊愈的。"华盛顿似乎毫不在乎。

12月13日睡到半夜，他突感全身发冷，呼吸困难，原来他已染上非常严重的咽喉炎。秘书利亚匆匆赶到，马不停蹄地立刻去通知旧友古列克博士。

华盛顿吐血多次，虽然采取一切急救措施，但仍无济于事，回天乏术。12月14日早4点半微曦初露时，华盛顿把夫人叫到床边，交给她一封遗书。

"我不久将离开人世，这就跟借了钱必须还债一样，是人生必经之路，谁也不能避免的。"

他浮现出一丝无奈、落寞的微笑。古列克博士到达的时候，他对好友古列克说："我已经不行了，正一步步走向天国。"华盛顿吃力地说着。古列克博士低着头默默地坐在炉边。

上午10时许，华盛顿回头看着站在床边的利亚，呼吸已经十分艰难，他勉强地吩咐说："请你好好处理善后，三天之内不要把我埋入土中……好吗？"

这是他在人世间最后的一句话。

12月14日大约上午10时至11时之间，约摸有十分钟的光景，他的呼吸突然变得很畅通。华盛顿静静地躺卧在床上，缓缓地推开利亚的手，自己摸着脉搏，在那瞬间他就如同即将熄灭的烛火突然回光返照，聚集了最后的热力大放光明似的准备告别人间。

忽然间他脸色突变，不久就安详地躺在那里不再动了。妮莉握起祖父的手画一下十字，然后将其平放在他的胸前。炉边的古列克博士迅速赶过来，将手放在华盛顿眼皮上。

"他已回到主的身边了！"

静静地连一声叹息也没有，走完67年的人生历程，一颗巨星就这样划破寂静的夜空陨落了！

※人们为了纪念华盛顿将美国首都以其名字进行命名。图为位于华盛顿的美国国会大厦

知识链接

华盛顿年表

1732年　2月22日，乔治·华盛顿出生于北美弗吉尼亚州威斯特摩兰县的布里奇斯溪。

1743年　4月，父亲病逝。7月，兄长劳伦斯在波多马克河畔的种植园定居，庄园命名巴隆山庄。

1748年　被正式批准为土地测量员。

1752年　6月，写信给本州总督，自荐担任民团副官。

1753年　到俄亥俄法军据点递交劝告书，多次遇险。

1754年　组织军队投入与法国和印第安人的战争。

1756年　被任命为英军上校副官参加英法七年战争。英军大败，华盛顿回到巴隆山庄。

1758年　参加福布斯攻占琉肯要塞的战斗，5月，与玛莎·丹德里奇·卡斯蒂斯结婚。

1763年　英法7年战争结束。

1774年　9月，被选为代表，出席在费城召开的第一届大陆会议。

1775年　6月，出席第二届大陆会议，独立战争开始被任命为大陆军总司令。

1776年　7月4日，大陆会议通过著名的《独立宣言》。

1777年　进攻普林斯顿，获胜。

1780年　接受法军中将和海军中将军衔。

1781年　领导约克镇战役获胜，领导独立战争胜利。

1783年　返回巴隆山庄，重归庄园生活。

1787年　组织召开宪法制订会议，当选为议长。

1789年　4月30日，就任美利坚合众国首任总统。

1793年　再度当选总统。

1796年　拒任第三届总统。

1797年　隐居巴隆山庄。

1799年　12月14日，病逝于巴隆山庄。